U0957693

理趣数学的价值意蕴与实践探索

余颖 著

丛书顾问 周洪宇

丛书主编 刘大伟

生活·实践教育系列成果

南京教育文库

南京出版传媒集团
南京出版社

育文库

顾明远题

南京教

图书在版编目（CIP）数据

理趣数学的价值意蕴与实践探索 / 余颖著. -- 南京：南京出版社, 2025. 1. -- (南京教育文库). -- ISBN 978-7-5533-5106-3

Ⅰ. G623.502

中国国家版本馆CIP数据核字第20250KC621号

丛 书 名　南京教育文库
丛书顾问　周洪宇
丛书主编　刘大伟
书　　名　理趣数学的价值意蕴与实践探索
作　　者　余　颖
出版发行　南京出版传媒集团
　　　　　南 京 出 版 社
社　　址　南京市玄武区太平门街53号
邮　　编　210016
联系电话　025-83283873、83283864（营销）　025-83112257（编务）

策划统筹　朱天乐　王晓晨
责任编辑　王晓晨
装帧设计　张　淼
责任印制　杨福彬

排　　版　南京新华丰制版有限公司
印　　刷　江苏凤凰通达印刷有限公司
开　　本　787 毫米 × 1092 毫米　1/16
印　　张　13
字　　数　185千
版　　次　2025年 1 月第 1 版
印　　次　2025年 1 月第 1 次印刷
书　　号　ISBN 978-7-5533-5106-3
定　　价　60.00元

总 序

不忘本来　吸收外来　面向未来

南京作为六朝古都，历史悠久，底蕴深厚，自古以来就是东南一带的政治、经济、文化中心。南北朝时期，宋文帝首开中国古代教育分科先河，在南京开设儒学馆、史学馆、文学馆和玄学馆，以分科的形式传经授道；梁代的五经博士以考试选拔人才，为隋唐科举制的实施奠定了基础。南京教育在明代更是达到了一个巅峰，不仅全国最高学府国子监设立于鸡鸣山下，且乡试、会试考场也设置于秦淮河畔的夫子庙，“天下文枢”也因此而闻名宇内。与官学相颉颃，私学在南京也有着悠久的传统，宋代的明道书院，明代的江干书院、新泉书院、崇正书院，清代的钟山书院、惜阴书院等，为学术思想的传承、学术流派的形成打下了扎实的基础。

民国以来，南京成为中西方教育思想汇聚的交融地，一大批本土教育家和海归教育家以南京为基点，加入了绘制中国近现代教育改革的蓝图大业中。张謇、沈恩孚、江谦、袁希涛、黄炎培、郭秉文、陶行知、陈鹤琴、郃爽秋、吴贻芳、俞子夷等一批学贯中西的教育家致力于南京教育的改革与发展，“生活教育”“活教育”等教育思想在南京萌芽、丰富与完善，铸就了传承至今的晓庄学院、鼓楼幼儿园等一批教育实践的典型代表。这些源于南京的教育思想与实践以中国基本国情为基础，对西方教育思想与实践进行了创造性转化与创新性发展，走出了一条独具中国特色的教育改革发展之路，一改民初

“仪型他国”的社会风气，也为随后很长一段时间的中国教育改革与发展指明了方向。如果说，北京是近现代中国思想变革的策源地，那么南京一定是近现代中国教育思想变革的策源地，也是中国式教育现代化的起源地。

“敢探未发明的新理，敢入未开化的边疆”，这是我对南京教育的一个直观看法。这既有陶行知、陈鹤琴等教育先辈们对我的影响，也有我与南京教育人交往后的感触。早在1982年，我因为编撰《陶行知全集》，就多次来到南京市晓庄师范学校、南京大学、南京图书馆查找资料，认识了一批南京教育界的朋友。近年来，由于工作的关系，我常常有机会参加南京的基础教育活动，也因此与南京教育届的各位人士结下了深厚的友谊，对新时代以来南京教育的高质量发展有了深厚的感悟。在学前教育普惠优质发展方面，南京普惠性幼儿园覆盖率达89%，优质园覆盖率达92%，率先全市域创成“江苏省学前教育改革发展示范区”；在义务教育优质均衡发展方面，南京义务教育优质资源覆盖率达98.6%，学校标准化率保持在100%，率先全市域通过“全国义务教育发展基本均衡县（市、区）”评估；在高中教育多样特色发展方面，南京整体规划和建设学术型、特色型、综合型普通高中，实施高中布局优化行动计划，全市达省定三星级以上的公办普通高中比例达95.5%；在特殊教育融合优质发展方面，南京建立了特殊教育工作联席会议制度，建立起从学前教育到高等教育全纳性的现代特殊教育体系，实现了全市所有街（镇）学前、义务教育阶段学校融合教育资源中心全覆盖。

南京教育能够取得如此优异的成绩，既有教育行政部门在方向上的正确指引，也有每一位普通南京教育人在岗位上的默默付出，因而我们既要关注教育宏观问题，也要关注微观上每一位教师、每一件事、每一个孩子。2022年1月，我的学生大伟从南京晓庄学院调任南京市教育科学研究所主持日常工作，我建议他既要在宏观上发挥市教科所作为教育智库的功用，也要关注到学校的内涵发展，更要关注到每一位教师的专业发展，因为教师的发展是学校发展的基础，只有教师发展好了，学校才能发展，而最终指向的必然是孩子的发展。因此我提议他能否整理出版一套“南京教育文库”，通过文库工作推动一批专家型教师梳理提炼教学主张、教育理念和学术思想，以时代为观照，立足南京教育实际，解决中国教育问题，推进南京教科研在知识创新、理论创新和方法创新上不断传承与发展。大伟很快邀请了南京一批名特优教师参与“南京教育文库”的编写工作，并规划了持续长达8—10年的发展计划，其中包括了写作指导、出版、评奖、宣传等全方位的保障体系建设。这一宏大体系建设还得到了顾明远先生的肯定与点赞，并欣然赐予墨宝“南京教育文库”六字。

“南京教育文库”的提出与推进，对于基础教育界具有非同寻常的意义，具体我认为有以下几点价值：

第一，独特性。毋庸置疑，每一个城市的教育发展都有独到之处和自身特点，但南京的教育发展与其他城市相比，其特点更加明显、风格更加独特。在江苏提出率先实现教育现代化的进程中，南京确立了“加快建设现代化教育强市、以高质量教育支撑高质量发展”这一战略目标，更加自觉地坚持教育优先发展、科学发展、创新发展。南京教育的主要发展指标已达到或超过 OECD（经济合作与发展组织）发达国家和地区的平均水平，教育现代化水平连续六年获江苏省第一，在省对设区市政府履行教育职责考评中连续三年位居江苏省前列。可以说，南京教育在江苏省甚至全国都具有标杆性的独特作用。而如何将这种独特价值展现出来，“南京教育文库”的编撰正好起到了这一作用。这套丛书通过挖掘梳理南京教育的内涵，将南京教育的独特做法与经验理论化和系统化，既是对南京教育光辉历史过往的追溯与总结，也是对南京教育未来的期待与展望，更是可以成为中国教育改革与发展的地方样本。

第二，人本性。人的发展是教育的出发点和归宿，人的活动是教育的核心和关键，这是我近些年来提出的教育活动史的一个重要观点。教师是教育发展中的人，我们各级教育行政部门应该给予他们更多的关注与关心，特别对于一批具有典型性和代表性的教师，我们应该提供各种条件帮助他们总结、凝练、宣传、推广他们的教育理论与实践。就我所知，目前国内还尚未有类似的丛书出版。南京市教科所率全国之先，关注教育活动中的人，为教师的研究提供物质保障和学术指导，帮助他们在研究中发展，在实践中成熟，在推广中完善，可谓真正地将教师置于教育活动的中心地位，实现了以人为本的目的。

第三，开放性。对于这套丛书的设计与出版，我跟大伟提议，除了考虑名特优教师的教育思想总结与凝练外，还要在未来考虑对青年教师的支持，特别是要支持一批“学带”“优青”等具有基础的青年教师。南京教育近年来提出了如“宁教杰青”等一系列教师培育计划，我想我们的工作在未来还要吸收这样的教师参加“南京教育文库”的编写工作，加快对青年教师的培养速度。在学段上，我建议他要综合考虑各学段人员的配置，中学、小学、幼儿园各学段教师都要涉及，还要考虑在教师发展中心、教研室、教科所等单位工作的人员，更要考虑在学校管理岗位有丰富经验的教育管理者，这样就可以让我们这项工作更加开放、更加多元。

第四，持续性。南京教育的发展历史是一个整体，我们要做到不忘本来，吸收外来，面向未来，既要思考南京教育从哪里来，也要想好往哪里去，更要做好走向的持续性。因而对于这套丛书我还是有一个期待的，期待这套丛书能够持久地做下去，做成制度，做成系列，做成品牌，让更多的教师参与其中，享受到教育改革发展的红利，并在这项工作中得到发展、得到进步。我还希望将来“南京教育文库”能够借鉴“教育智库与教育治理 50 人圆桌论坛”的思路，形成一支队伍、一项制度、一套丛书、一个论坛、一个品牌的“五个一”发展思路，为南京教育的高质量发展注入持续不断的动力。当然，我也知道为了这套丛书的出版，大伟费尽了心思，他跟我说他要以陶行知办学的事迹为榜样，四处化缘筹措出版经费，找寻出版社确保进度，策划高级别平台宣传，以及筹划、参与各级各类评奖。我希望他能够保持这种工作激情的持续性，将这项工作一直做下去，实现陶公所说的“为一大事来，做一大事去”的理想目标。

合抱之木，生于毫末；九层之台，起于累土；千里之行，始于足下。“南京教育文库”的出版在不久的将来必然会成为中国教育界重要的一棵“合抱之木”、一座“九层之台”。我也衷心希望参与到文库编写工作的同志们千里之行，永不停歇！

是为序。

周洪宇

2022 年 11 月 22 日

于武昌东湖

（作序者系第十三届全国人大常委会委员、湖北省人大常委会副主任，中国教育学会副会长、中国教育发展战略学会副会长、长江教育研究院院长、华中师范大学国家教育治理研究院院长，博士生导师）

目 录

理趣数学让我们拥有了“新的眼光”

成尚荣

为余颖著作写序真的很高兴、很自豪。

我始终认为序其实是读后感，这一认识一直没有变。但是读了余颖的著作后，我的感受又有新的提升，那就是写序是一种深度学习，序应是一个思维淬炼、飞扬的新时空，是一个催生理念、引人思考的思想跑马场。这是我真切的体悟。

余颖的这一“著作”——加上引号，言其具有著作的基本规定性，彰显了著作的特质——让我重新认识余颖，让我重新发现余颖，当然也让我认识与发现中小学老师。因为，余颖的著作让我坚信了两个概念：反思性实践家、学术性教师。中小学教师是能够走上学术研究之路的，而且他们的学术研究又具有鲜明的特点：在实践中生长起理论，将理论扎根在教育教学的田野，理论与实践如此自然、紧密地联系、融为一体，呈现出活泼泼的生命状态，涌现出思想的活力。可以说，优秀的中小学教师将理论隐藏在实践中，又将实践激活了理论，创造了中小学教师学术研究的新形态。余颖在这方面迈出了坚实、可喜的一步，成为我们学习的榜样。

据我了解，研究小学数学理趣教学的还有好几位，他们都有自己的风格和特点，但是余颖的理趣数学教学更有深度，优点更为鲜明，透射出理论、思想、实践之间的张力。她在改变话语方式，又让话语以自然状态呈现在我们面前，平实中又有股理性思考气息的洋溢。

首先，理趣数学回到人，回到儿童发展，站在育人的高度，审视数学教学。的确，数学教学有其固有的特质和要求，但是所有的特质与要求要为人的发展服务，不能只见数学而不见人，甚至剩下的只有数据与数学。

余颖从数学的本体性、价值性和工具性等维度论述了数学独特的育人价值：培育完整的人。而完整的人的核心是人的精神，而人的精神与数学精神产生一致性对接。数学精神表现为科学精神、理性精神，也体现在逻辑思维发展中，是精神让儿童在理趣教学中站立起来。

其次，理趣教学用不同的理论视域来观照，让理趣数学有了理论的支撑，彰显了科学的合理性。无论是心理学的启示，还是神经科学的佐证，又或是学习理论的聚焦与深思，最终揭示了理趣交融的理论意蕴：理趣教学是基于儿童学习之"理"，注重情意知行和谐发展的活泼的学习之旅，这是理性成熟之理，也是审美之情，解决了"冷冰冰的知识"与"美美地学习"对立的状态。这一问题搞清楚了，那么理趣数学的底层逻辑也就自然显现出来了。在我看来，理趣数学的底层逻辑就是理与趣原本是不可分割的，当然也不是对立的。杜威在《儿童与课程》一书中提出了"新的眼光"："从已经固定的术语的意义中摆脱出来，从另一个角度来看待这种情况"，"哲学改造的任务就是要消除割裂与对立，这种消除并不是把已经割裂的碎片重新黏合起来，而是用'新的眼光'看问题，即彻底抛弃以割裂对立为特征、以追求确定性为目标的传统哲学"。如此看来，理趣数学有"新的眼光"，正在追求一种哲学。

理趣数学究竟是什么样的数学？学习特质何在？在这个问题上，余颖从三个角度来论述："不同的"数学、"我的"数学、好玩的数学。所谓"不同的"数学，她强调了三点："理趣数学观下的数学学习，是紧扣学科本质、聚焦发展思维、涵育理性、提升智慧之'理'的本原定位"，这是其一；在人工智能时代背景下，理趣数学"应更多聚焦高阶思维和问题解决中的能力素养，以开放的态度和开阔的空间，探寻'鱼'之背后的'渔'之新"，这是其二；"基于差异性的理解，将因材施教落实于多样化的资源供给、工具支持和路径方式上，……实现'人人都能获得良好的数学教育，不同的人在数学上得到不同的发展'"，这是其三。此外，"我的"数学的阐释同样精彩：儿童在数学学习中，"实现知识的创新和再造以及自我的完善”，“聚焦儿童的改变”来衡量理趣数学。

余颖一开始就指出了教育存在的问题——“滑行于生活表面的教育”。这是因为，“教学生活脱离经验，成了一个抽象的存在；教育过程如盲人摸象，成了一个片面的存在”，“作为‘背景板’的学生，也让教育生活成了一个外在的存在”。理趣数学注重数学与儿童经验的关联。还是杜威说的精彩：经验是“蕴藏于现实之中的未来”，“经验是指向未来的，它蕴含着自我生长、自我更新的力量”。是啊，教育不能在平滑的地面上滑行，它应该“回到粗糙的地面上来”，这是维特根斯坦说的。“粗糙的地面”是充满问题的、充满挑战的，也是充满不确定的。“粗糙的地面”让我们走得更稳、更扎实，因而走得更远。理趣数学本身不是一个简单的命题，如果望文，那就过于简单，不免肤浅。理趣之间有着矛盾、冲突，甚至存在对立，但是这些“粗糙”让理趣数学更有深度、更精彩。

余颖的这本专著还论述了其他一些问题，是一个完整的构建，是一个有逻辑的体系，这很不容易，我们可以细读去体会，也不只细读，还需要去深读。总之，理趣数学的深入探索、创造性实践让我也拥有了“理”与“趣”的统整理念，进一步懂得了教育中的“理”与“趣”。

余颖在后记里说“自知不完美”。我同意。但是没问题，她完全有驾驭的能力，她会日臻完善以至完美的。我相信。

写于 2023 年 12 月 16 日

（作者系原国家督学、教育部基础教育课程改革专家委员会专家、原江苏省教育科学研究所所长）

第一章 绪 论

人即目的。当我们从教育的视角去考虑“人”这一核心时，必然离不开对其本体性、价值性和工具性等维度的梳理。显然，“培养什么人”这一命题并非孤立的存在，提交这一“答案”的过程，是与“何为人”“怎样培养人”等本体意义的思索，以及“为谁培养人”的工具性追问相伴相随的。

马克思本体论思想认为“实践决定了人的产生和发展”，这既指人的肉体，也指人的精神。精神才是把人与其他动物区分开的最重要的“存在”。在他看来，人的本质是全面的，人与世界的关系包括“视觉、听觉、嗅觉、味觉、触觉、思维、直观、感觉、愿望、活动、爱”①。

大自然于亿万年的进化中创造了人。但近代以来，人与自然的疏离和冲突，“以至于现代人只能从理性的构思和实用性的观点来看自然”②，“天人合一”成了一个遥远的“概念”。现代市场经济社会，造成了人与人之间的关系被物与物、商品与商品之间的关系所取代的异化。经济主义的扩张和技术理性的僭越，让人成为追逐利益和财富的“社会机器”中的零部件。随着社会财富的增长，人类社会的冲突持续扩大，与此同时，克隆技术等科技成果也对人的生命基础提出了严峻的挑战。道德危机、价值危机的扑面而来，那份窒息感逼迫人类需要重审个人、社会的持续生存发展及二者之间的关系问题。到底“怎样界定人？怎样理解人的本质和价

①马克思恩格斯全集（第42卷）[M].北京：人民出版社，1979：123.

②[德]孙志文.现代人的焦虑和希望[M].陈水禹，译.北京：生活·读书·新知三联书店，1995：68.

值？”，以及“人本身应该怎样存在？人生在世意味着什么？”等关乎“人”与“做人”的追问，也是关乎人类生死存亡的重要命题。

马克思主义哲学认为“具体的人”是研究一切社会问题的立足点。教育作为与人类命运休戚相关的永恒事业，其存在的立足点就是人——具体的人。人生在世即是人认识世界与认识自己、变革世界和变革自己相统一的过程，而这样的认识与实践过程都需要后天习得并不断改进。这种习得与改进的过程就是教育过程。于此意义而言，人类的生存困境已经转化为教育的问题。“教育必须认识，它本身是为什么的。教育也许是历史和社会的产物，但它并不是历史和社会的消极产物。教育是形成未来的一个主要因素，在目前尤其如此，因为归根到底，教育必须培养人类去适应变化，这是我们时代的显著特征。”①

第一节　现实问题与时代挑战的交汇

显然，教育作为“实践的存在”，联结着过去、现在和未来。当下的教育存在哪些关键性的现实问题和困境？时代对教育提出了什么新要求、新挑战？面向未来的教育如何于破立之中实现守与创？

一、教育的现实

（一）滑行于生活表面的教育

教育和生活的关系是教育思想的永恒主题。如果我们认同教育中的人是具体鲜活的，人不是单向的传输器或接收器，那么，教育过程就是人于真实的教育生活中创造自身的过程。我们可以将教育生活理解为一种特殊的、独立的生活，是人的一种生活方式；也可以理解为如陶行知所主张的，生活本身就自带教育意义，“生活即教育”。无论是二元视角还是统一观下的教育与生活，都是一种相伴相生的共生关系。

---

①联合国教科文组织国际教育发展委员会．学会生存：教育世界的今天和明天［M］．北京：教育科学出版社，1997：13.

但是，反观现实中的学校教育，它与生活的阻隔是一个无法忽略的现象。教育生活脱离经验，成了一个抽象的存在；教育过程如盲人摸象，成了一个片面的存在；作为“背景板”的学生，也让教育生活成了一个外在的存在。

科学生活、理论生活等非日常生活是抽象的，但教育不能仅仅属于抽象生活。于成长中的小学生而言，更是如此。长期以来，分科课程中浓厚的标准化、理性化色彩，让“知道、掌握”为目标的知识教学始终强势存在，书本世界与生活世界无暇连接，学生的自我生长空间似乎都被抽象知识“殖民化”了。

自然，学生这一教育生活的主体，往往存在于教育观念中，而教育实践中的学生，依然是一个“受教育者”的存在。在聚焦认知的课堂教学活动中，书本知识的掌握、道德行为的习得，以及培养学生的理性等成为主流，但情感在认知活动中的重要作用及它与理性的内在关联，学生的内在理解、直接体验，以及认知过程中的愤悱、豁然等，往往被忽略或无力达成。正如杜威在一个世纪前所说的，学校教育内容的价值多半要“取决于遥远的未来”，“结果是，它们并不成为儿童生活的一部分，因而并不真正具有教育作用”。

（二）受控于机械思维的教育

基于牛顿力学的机械思维，作为一种思维方式，“把宇宙及世间万物都看作机器”，否认事物的内在价值和彼此间的内在联系，认为事物的价值是外在赋予的，事物间的关系就是外在的机械关系。①

工业文明造就了现代教育，正如美国教育家卡伯莱在20世纪初所比拟的——“学校在一定意义上就是工厂，学生作为原材料在这里被制造成满足不同生活需求的产品”。近代以来，受控于机械思维的现代教育往往呈现出无根性、碎片化、工具化等“病症”。它无法充分理解教育各要素间的内在关联和有机整体性，往往以二元对立的思维去看待教育

① 王治河，樊美筠．走向一种后现代的有机教育［J］．远程教育杂志，2010，4：3-13.

中的关系。教育被异化为工具教育，窄化为他人教育；教育事实与教育价值分离；师生关系彼此分离甚至于相互对立；复杂的知识经验经由简单的概念表述和说明而让学生“获得”；专业化驱动下的学科分化，形成“坚硬”的学科壁垒；分科的课程设置、专业的学科教师配置，造成学科知识间的隔离、教师专业视野的狭隘。人成长过程中的整体性、全面性和动态生成性被知识的片面性所遮蔽。以区分三六九等的考试成绩为“核心产品”，匹配以诸如标准化的知识、规定的教学内容与方法、安静的课堂秩序等“中间产品”，教育成为竞争的、淘汰的、追逐地位与成功的工具。

（三）偏离了为人之本的教育

人是教育存在的本原。工具意识、机械思维下忽略了人之本性的教育，造成了人在教育中的异化。“分分分，学生的命根”给中小学生带来沉重的学业负担，睡眠时间、运动时间、休闲时间被一道道题所占据。人际关系，尤其是师生关系、亲子关系在“分数为王”的观念驱动下，呈现出“目中无人、情感缺失、过程缺位”等突出问题。教育过程中情感的缺失、过程的缺位，无法催生良好的学习体验。学校、教师和家长对学生学习行为的管束与约制，“制造”出越来越多的学习时间、越来越重的学业负担，让学生的身心发展离健康之道越来越远。

更为严峻的是，这样的教育并不能够促进人的自反性——自我意识及其能力的提升。当人不能把“自己的生命活动本身变成自己的意志和自己意识的对象”，就无法实现自我的内在动力和能力行为的发展。课堂上，不愿意主动发言的“大多数”，尤其是不具有学业竞争力的那群学生，其沉默的原因都离不开重要的一点：对自主性、自为性的无意和放弃。“小脸通红、小手高举、小眼发光、小嘴直张”的学习状态，往往只是想象中的存在。儿童的童心、童趣和童稚遭遇成人的理性时，那些与理性相悖或不合适的地方，往往就被裁剪或纠正。缺失了自反性的教育，无力顾及“促进每一个人活泼泼且可持续的成长”，也更难以实现对人的德行修养和精神世界的关照与丰实。

二、时代新挑战

（一）百年未有之变局

2017 年 12 月，习近平总书记在接见回国参加 2017 年度驻外使节工作会议的全体使节时发表重要讲话指出，“放眼世界，我们面对的是百年未有之大变局”。这一重要论断的首次提出，是关于当今世界发展大势的重要战略判断。缕清这个时代之变，有助于我们明晰在何处、向何方。

纵向看，自工业革命以来，西方凭借强大的经济军事实力，主导国际格局数百年。现如今，随着中国的崛起，国际格局逐渐走向东西平衡。旧格局已被打破，新格局尚未成型。国际格局的破与立，带来新的生机，也必然伴随着乱象丛生。

中国特色社会主义发展道路成就了中国式现代化。它的出现颠覆了西方的发展逻辑，让一直以来号称现代化唯一道路的“西方道路”和唯一发展模式的“西方模式”走下神坛。打破了西方模式的唯一性、绝对性和排他性的中国道路，也让“一球两制”（即资本主义和社会主义两种社会制度）的斗争与合作长期存在。尤其是 2020 年疫情的全球大流行，成为世界百年未有之大变局的新变量、催化剂。

人类历史上的三次工业革命，无论是蒸汽技术引领的第一次工业革命、电力技术引领的第二次工业革命，还是信息技术引领的第三次工业革命，主导权和垄断权一直属于西方世界。现今，人类的第四次工业革命正在到来。据推测，第四次工业革命将发生在新的工业材料（石墨烯）、基因工程、人工智能、量子工程和核聚变五大领域，中国将是第四次工业革命的决定性参与者之一。

聚焦这个时代，全球化和科学技术的日新月异是最为突出的两大特征。全球化与市场化、城市化、工业化、信息化紧密地交织在一起，形成了相互影响、相互推进的叠加进程，推动了全球范围交往的扩展、深化和分化。各国尽管依然存在着发展差距，但在这个瞬息万变的时代，面对国家与社会、国家治理主权与全球性交往及风险、自身发展与国际责任等矛盾时，普遍缺乏足够的经验、资源和能力，大家处于“同一起跑线”上。以互联网为代表的各项颠覆性技术的发展和迭代速度，不仅加速了资本、物质等要素的流动，也让大量新型科技成果进入人们的日常生产和生活，深刻影响着政治、经济、思想、文化及生活等各个领域。

（二）时代儿童之独特

当下的孩子可以被称为网络的“原住民”，他们中的大部分出生或成长在互联网时代，有不少甚至“还没学会认字，就先学会了上网”。网络浸入了日常生活的方方面面，网络的“虚拟性”逐渐减弱了儿童与现实世界的联结，虚拟与现实边界模糊，成为影响儿童人格发展的巨大隐患。网络的“即时性”改变了儿童的认知方式，信息获取体量大、速度快、自由度强的同时，也造成了认知深度和逻辑关系的缺乏。网络的“泛娱乐化”提升了娱乐消遣扩散的速度和广度，带来了儿童之间交往方式的变革。网络直接影响了儿童感知世界、认识世界和进行价值判断的方式。《青少年蓝皮书：中国未成年人互联网运用报告（2022）》表明，当下未成年人的互联网运用能力普遍高于家长，“数字反哺”已成为普遍现象，未成年人的网络素养培育正在步入快速提升时期。

现代文明进程中的社会变迁，带来了物质条件的日渐富足，也形成了亲族关系的日渐疏离。“钢铁城市”中的独立公寓已成为儿童普遍的成长环境。他们缺少同辈间的交流，在孤独中长大，安全、稳定、全面的情感“供给”普遍不足。与此同时，始于西方中上阶层的“密集教养”，也成为目前国内均认同的养儿育女最佳之道，导致了家庭教育的焦虑与更为密集的监控。儿童拥有来自长辈的过度的爱与保护，同时也背负着长辈过重的期待负担。Murray（2018）研究发现，高达45%的青少年存在心理健康问题，这已成为世界范围内青少年出现疾病障碍的主要原因[①]。《中国国民心理健康发展报告（2019—2020）》显示，有三到四成的中学生存在不同程度的抑郁问题[②]。研究表明，青少年产生心理健康问题的原因有很多，其中家庭关系、父母教养方式、家庭经济条件等因素对青少年心理健康有着深刻的影响。刘晓静（2010）指出，父母之间紧张的冲突关系会对孩子的心理产生严重的负面影响[③]。M.R. Khodabakhsh 等学者（2014）指出，鼓励、关爱等积极的教养方式更有利于减少精神障碍，促进心理健康；专制、惩罚等消极的教养方式容易导致青少年产生焦虑、抑郁等症状[④]。当然，师生关系、同辈关系以及社区环境的影响也对青少年的心理健康产生影响。D. Novak 和 I. Kawachi（2015）研究发现，学生和老师之间的相互信任有利于青少年的心理健康[⑤]。良好的同辈关系可以提高青少年的心理健康水平，同时也是消极情绪的保护性因素[⑥]。抑郁症等心理疾病的低龄化，不仅是个医学、心理的问题，也是社会变迁所造就的不可回避的社会问题。

---

①Christopher J.L. Murray, Charlton S.K.H. Callender, Xie Rachel Kulikoff, et al. Population and fertility by age and sex for 195 countries and territories, 1950—2017: a systematic analysis for the Global Burden of Disease Study 2017［J］.The Lancet, 2018, 392.

②陈祉妍，陈雪峰，张侃傅，等．中国国民心理健康发展报告（2019—2020）［M］. 北京：社会科学文献出版社，2021.

③刘晓静．试论中学生心理健康现状及对策研究［J］. 人力资源管理，2010，2：68-69.

④M.R. Khodabakhsh, F. Kiani, S. Ahmedbookani. Psychological well-being and parenting styles as predictors of mental health among students: Implication for health promotion［J］. 2014.

⑤D. Novak, I. Kawachi. Influence of different domains of social capital on psychological distress among Croatian high school students［J］. International journal of mental health systems, 2015, 9（1）: 1-7.

⑥H.H.S. Kim. School context, friendship ties and adolescent mental health: A multilevel analysis of the Korean Youth Panel Survey（KYPS）［J］. Social Science & Medicine, 2015, 145: 209-216.

三、教育之守创

（一）寄予厚望中的教育

国际秩序和全球治理体系前所未有的变革调整，最终都将通过各国教育制度的调整，传递到教育改革的目标、任务、策略、方法的变革之中。1972 年，联合国教科文组织发布第一份国际性教育报告《学会生存——教育世界的今天和明天》，提出“终身教育”“学会生存”等未来教育目标；1996 年发布的《教育——财富蕴藏其中》提出，21 世纪的教育不仅要承担起为全球带来和平的重任，也要在全球经济增长中扮演重要角色，还必须担负起促进人的发展的根本职能。为此，受教育者应学会认知、学会做事、学会生存、学会共同生活；2015 年发布的《反思教育：向“全球共同利益”的理念转变？》呼吁，人类应该反思教育的目的和学习的组织方式，以人文主义的教育观和发展观，将教育和知识视为全球共同利益；2021 年发布的报告《共同重新构想我们的未来——一种新的教育社会契约》提出，希望将国家政府、社会组织、学校和教师、青年与儿童、家长与社区等教育的相关利益方全部纳入，构建新的“社会契约”，通过共同努力，实现教育作为“全球共同利益”的愿景。教育功能从聚焦个体发展到实现公共利益，帮助人类构建一个美好的未来。

被寄予厚望的教育如何正视时代的期盼、于自身的“小宇宙”爆发中顺势而为且有所作为？联合国教科文组织近半个世纪以来发布的四份报告，让我们看到了教育要“为一个尚未存在的社会培养新人”，始终应以具体鲜活的“人”为核心，教育的目的在于使人“变成他自己”。这是教育应有的基本哲学立场。如此，教育聚焦“把一个人在体力、智力、情绪、伦理各方面的因素综合起来”，促进每一个人日渐“完善”的核心力量，是四个“学会”中所蕴含的支持终身学习的能力素养品格。当然，人并非“孤岛”，不局限于人类世界的“学会共同生活”和相互依赖，需要我们始终拥有“天人合一、和谐共生”的立场和行动，教育是参与共同生活的“必需的乌托邦”。“教育可以，而且必须促进新的全球可持续发展观”，面对教育格局和学习格局的变化，“作为一项共同利益”的教育，“必须根据公平、可行、可持续的人类和社会发展新观念”①，落实增强教育的包容性、重视新的学习空间、采用综合教育方法等顺应 21 世纪发展的教育变革行动。

显然，当我们面对“展望 2050 年，我们应该继续做什么？我们应该抛弃什么？我们需要创新什么？”的追问，重新思考学习、学生、教师、知识与这个日益复杂、不确定和不稳定的世界之间的关系时，我们需要“激烈的变革”。当重新构想“为何学、学什么、怎样学、哪儿学和何时学”成为迫切需要，知识和学习的“大规模的变革和创新是可能的”②。

经济合作与发展组织（Organisation for Economic Cooperation and Development，OECD）启动“素养遴选项目”，提出面向未来教育的“学生发展核心素养”体系。聚焦素养培育，探索教育应有何为，是全世界面对时代变局的回应，自然是 21 世纪面向未来的教育创新和变革的核心。

（二）“中国方案”的守与创

于中国基础教育而言，面对百年未有之大变局，我们与世界各国面临同样的机遇和挑战。如何于这一重要战略机遇期提交“中国方案”？

中国特色教育强国之路，是我们面对世界教育变革的战略定力和战略优势。中国特色社会主义道路决定了我国教育的价值取向是办公平而有质量的教育，立足基本国情，遵循教育规律，做到教育的机会公平、过程公平、结果公平，坚持改革创新，以“人”为核心，凝聚人心、完善人格、开发人力、培育人才、造福人民，办好人民满意的教育。以马克思主义人的全面发展观为基础，构建当代中国的马克思主义教育学，以新时代中国特色社会主义教育理论发展的新境界，为世界教育变革贡献中国智慧。与此同时，我们也越来越清晰地发现，现代文明进程中的问题，往往亦可

① 联合国教科文组织．反思教育：向“全球共同利益”的理念转变？［EB / OL］.（2015）［2016-08-10］.http：// unesdoc.unesco.org / images / 0023 / 002325 / 232555c.pdf.

② 联合国教科文组织．一起重新构想我们的未来：为教育打造新的社会契约［M］．北京：教育科学出版社，2022.

从五千多年文明传承的中华传统文化瑰宝中汲取破解的力量。比如，中国古代经典教育思想中有教无类的价值取向、德育为先的教育目标、因材施教的教育原则、学思结合的教育方法、教学相长的师生关系……这些古老的教育智慧，因其切实的永恒性，焕发出时代先进性的生命光辉。

1999年全国教育工作会议颁布的《中共中央国务院关于深化教育改革全面推进素质教育的决定》，标志中国教育进入素质教育时代。素质教育，是21世纪以来中国教育坚定不移的变革主旨。2018年全国教育大会后，中共中央、国务院印发的《中国教育现代化2035》提出了“大力推进教育理念、体系、制度、内容、方法、治理现代化”六大方面的顶层设计；2020年，党的十九届五中全会提出《中共中央关于制定国民经济和社会发展第十四个五年规划和二〇三五年远景目标的建议》，其中关于教育未来发展的目标是“建设高质量教育体系”和“建成教育强国”；党的二十大报告中进一步强调“坚持以人民为中心发展教育，加快建设高质量教育体系，发展素质教育，促进教育公平”。《义务教育课程方案（2022年版）》中也明确提出，义务教育课程要“落实立德树人根本任务，反映时代特征，体现中国特色，遵循教育规律和学生身心发展规律，突出全纳性、全面性和基础性，发展素质教育，培养时代新人，为全面建成社会主义现代化强国、实现中华民族伟大复兴奠定人才基础”。这意味着，发展素质教育依然是我们面向未来的中国方案和中国行动的核心。

要让顶层设计变成普遍的行动，最为重要的是达成共识基础上来自“草根”的“燎原”行动。这就需要每一所学校育人行动的持续优化，需要每一位教师准确把握时代特征与要求、理解时代儿童的成长环境与规律，明晰育人变革的关键点与着力处，以弥散于日常点滴处的思与行实现“静悄悄的革命”。

“德智体美劳全面发展”的要求，鲜明地表达了社会主义的建设者和接班人必须是“完整的人”，故此，需要“全面的培育”。跳出学科与认知掌握的习惯视角，是我们应有的“破壁”行动。“人才是第一资源、创新是第一动力”，昭示着在这个大数据、人工智能、物联网技术兴起的时代，创新精神和创造能力是人才培养的核心，是需要“从娃娃抓起”的系统工程。激发好奇、鼓励探索，珍视每一个奇思妙想，是我们教学过程中应有的定位。与此同时，信息技术的蓬勃发展，也意味着学校不再拥有传播知识的独特优势。学校，于儿童健康成长的意义，已向深度理解、高阶思维以及社会情感的培养等方向挪移。《义务教育课程方案（2022年版）》明确了小学阶段10门国家课程的设置。于每一位教师而言，立足学科实现“适应未来发展的正确价值观、必备品格和关键能力”的育人目标达成，需要清晰地知道本学科在人的素养涵育中的独特价值究竟是什么，在“发展核心素养”的共同目标下，做出育人普适性和学科独特性的变革行动。如此，以学科视角聚焦“有理想、有本领、有担当的时代新人”培育，我们似乎可以架构一个三维模型：以“培根铸魂、启智增慧”等培养目标为纵轴，以当下儿童与本门学科的独特性作为基本面（即底面）的两个维度，对这三者的明晰，方能构建出这个时代背景下落实立德树人根本任务的“开阔”的生长空间。

第二节　“完整的人”与数学学科的相遇

培育完整的人是教育的应有之义，这是我国教育一直很明确的价值定位。21世纪以来，从新课程改革“完整的人”的目标设定，到“全面发展的人”导向下的核心素养的培育，无不致力于对“完整的人”的培育，尤其是信息时代的到来，对人的发展提出的新挑战，以及对人工智能所不具备的创造、交往、合作等品质的缕清，更让人的完整性的培育在这个时代进一步凸显。信息技术为“完整的人”的培育提供了更多的可能，也使得培育“完整的人”成为这个时代更为重要的教育追求。

一、完整的人

“完整的人”这个概念出现于马克思的《1844年经济学哲学手稿》

中，他认为完整的人“以一种全面的方式，占有着自己的全面本质”，“全面的方式”是人与世界的真实关系，人的“全面的本质”包括自然—感性、社会—精神方面的本质，是这两个方面本质的“总和”，“通过自己同对象的关系而占有对象，是人的现实的实现”。席勒所描绘的“既有丰富的形式，同时又有丰富的内容，既善于哲学思考，又长于形象创造，既温柔又刚毅，他们把想象的青春性和理性的成年性结合在一个完美的人性里”①，具体形象地表达了未异化的完整的人的特质。

（一）完整的人是身心合一的人

完整的人是身体与精神相统一的人，其身体与灵魂融合、感性与理性并存、情感与理智统一。人的精神发生并孕育于身体之中，身体也无法脱离精神。当代镜像神经元（mirror neurons）的发现，也为人的身体与精神的合一提供了神经生物学的佐证。因此，身体是拥有精神的身体，精神是寓于身体中的精神，两者相融相生，人与“世界”的关系建构与互动，必然是一个“人同此心、心同此理”的整体融通的过程。

（二）完整的人是情意知融生的人

中外思想史中，将人的精神世界分为认知、情感与意志三大要素的观点源远流长，孔子的“知之者不如好之者，好之者不如乐之者”，柏拉图的“理性”“精神”“欲望”的三足鼎立，都是以不同的话语表述指向三者。只是其排序，究竟是“知情意”还是“情知意”抑或是“情意知”，代表了不同的价值排序及关系理解。笔者倾向于认同：人是在好奇心和兴趣等心理倾向的驱动下关注、探究、认知，其过程中伴随产生的豁然、愉悦等心理体验和情感，也会正向强化意志的努力，为认知的持续深入提供源源不断的“动能”。正如列宁所说的“没有‘人的情感’，就从来没有，也不可能有人对真理的追求”②。

①席勒．审美教育书简［M］．北京：北京大学出版社，1985：28-30.
②列宁全集（第20卷）［M］．北京：人民出版社，1958：255.

（三）完整的人是全面发展的人

人的身心合一以及情意知融生，勾画出“完整的人”全面发展的图景。《中国学生发展核心素养》以“全面发展的人”为核心，以“文化基础、自主发展和社会参与”三个维度所包含的六大要素“人文底蕴、科学精神；学会学习、健康生活；责任担当、实践创新”，呈现了“全面发展的人”的“模样”：“有宽厚文化基础、有更高精神追求”“有明确人生方向、有生活品质”“有理想信念、敢于担当”[①]。“培养德智体美劳全面发展的社会主义建设者和接班人”则意味着，教育语境中“完整的人”即德智体美劳全面发展的人。

如此，“完整的人”所蕴含的全面发展的人性“基因”，决定了人的发展是“人的需要内驱力、人的社会关系的外推力和人的自由的有意识的活动追求共同作用的结果”[②]。

二、数学的价值

《义务教育数学课程标准（2022年版）》对数学是什么、数学的功能和价值等进行了定性表述：首先，“数学是研究数量关系和空间形式的科学”，“抽象”是数学进行研究的核心，如此，数学“不仅是运算和推理的工具，还是表达和交流的语言”，在人类文明发展的历史长河中，“数学承载着思想和文化，是人类文明的重要组成部分”，自然，数学在自然科学和社会科学领域都有着不可替代的作用，在社会发展中也起着“创造价值”“推动社会生产力发展”等应用价值。纵览人类文明的发展史，聚焦“数学学科价值”，以下观念是比较一致的。

（一）数学是科学的语言

从古至今，数学在理性知识中一直具有遥遥领先的地位，这在西方数学史上尤为突出。柏拉图学院入口处的“不懂几何者勿入”、伽利略的“自然之书是用数学写成的”都是对毕达哥拉斯“数学可以解释世间万物”

①刘庆昌．核心素养：形塑“受过教育的现代人”［J］．课程教学研究，2017，1.
②李金和．论马克思人的“三重本性”与人的全面发展［J］．学术论坛，2011，1.

这一观点的延续。数学这门基于逻辑演绎而建立的学科，一切结论的形成，都必须借助精准规范的数学表达、逻辑完整的推导过程。数学作为自然界中最精准的语言，推动着科学的发展，涵盖了自然科学和社会科学领域。诚如马克思所言“一门科学，只有当它成功运用了数学时，才算达到了真正完善的地步”，正是对数学的科学价值的恰当注解。

（二）数学是“生活”的工具

实用主义思想影响下的中国古代数学发展史，深刻展现了数学的实用价值。即便后来受到了西方数学公理化体系的冲击，这一“经世致用”民族文化观念下的数学价值观依然深入人心。“数学有什么用”，常常是我们考虑的话题。当然，现实中，无论是数学建模、统计分析等数学方法于经济学、心理学、社会学等学科研究中的应用，还是大数据时代数据分析、人工智能的应用，抑或是微小到普通人生活中的基金理财的复利、日常网购的优惠组合等，数学已成为无处不在的工具。

（三）数学是一种文化

数学作为整体性文化中一个相对独立的子系统[①]，包含着数学家、数学研究共同体所认可的思想观念、历史传统、精神气质、价值判断、行为准则。近代数学的演变过程，也经历了从绝对主义向建构主义转变的过程，当我们认同数学是一个以主体已有知识和经验为基础的积极的建构过程，类似于“人人学习不同的数学”，我们必然就接受了数学自身的人文性，认同“数学与人文是本然契合的”[②]。数学中所蕴含的理性精神、数学之趣与美，以及数学家们在数学探究中所共同体现的独立思考、永不满足的精神特质，都是数学文化价值的重要体现。

（四）数学是一种审美

数学是规律、符号、结构和抽象的复杂集合体，数学的美是协调的、

①郑毓信，王宪昌，蔡仲．数学文化学［M］．成都：四川教育出版社，2000：7-8.
②谢明初．数学教育的人文追求［J］．数学教育学报，2015，24（1）：6-8.

统一的、简洁的、对称的、奇异的美[1]。数学奇妙的规律、对称和谐的公式及定理结构、抽丝剥茧般严密的逻辑推理、出乎意料又在情理之中的结论，当触摸数学的人感悟到这些数学的理性光辉，带着数学的思维和眼光去观察世界、省视自身，那些规则美、结构美、理性美、和谐美，诸如建筑中的对称美、辩论中的逻辑美、充盈于大自然和人类所创造的那些可用黄金分割来解释的和谐美……主观感悟与客观存在的相遇，让数学的审美价值得以构建。

三、全人目标视域下的数学教育

聚焦数学教育的对象——具体鲜活且完整的人，去追问数学教育的价值。人作为“灵魂与肉体、欲望与道德、思维与感觉、理智与情感等各方面的总和”，是言说存在和缄默存在、理性存在和非理性存在的统一。促其成长与全面发展，是教育的核心，对于数学教育来说更是如此。

（一）科学精神、理性思维为核心

“数学在形成人的理性思维、科学精神和促进个人智力发展”所发挥的“不可替代的作用”[2]、“数学是思维的科学”[3]，这些观点都引导着我们在探析理性思维中缕析“数学的学习是如何促进人的理性思维形成”等问题。美国著名数学家柯朗曾论述：“数学作为人类智慧的一种表达形式，反映生动活泼的意念、深入细致的思考以及完美和谐的愿望。它的基础是逻辑和直觉、分析和推理、共性和个性。”严密的演绎思维、逻辑推理，以及归纳、猜想、实验、审美直觉等数学研究方式，充分发挥了人的心智功能，满足了人们求真、向善、唯美并乐于接受挑战的美好天性[4]。因此，聚焦人的发展的数学教育，必然以数学学科独特的科学

---

① 徐利治．数学美学与文学［J］．数学教育学报，2006，15（2）：5-8.

② 中华人民共和国教育部．义务教育数学课程标准（2022 年版）［M］．北京：北京师范大学出版社，2022.

③ 单墫．数学是思维的科学［J］．数学通报，2001，6.

④ 曹一鸣．从数学本质的多元性看数学教育的价值［J］．中国教育学刊，2005，2：41-43.

精神和理性思维为核心。紧扣数学知识承载的精髓——数学思想，让学习者在具体数学内容的认识过程中，对诸如分类、转化、归纳、数形结合、数学建模、猜想、符号化、方程与函数、极限等数学思想有所体悟并反复运用，就是理性思维得以生发茁壮的关键。相应的，对数学这一“科学的皇后”的探索过程，也充满着探索真理的精神力量——尊重事实、实事求是的求实精神，坚持真理、捍卫真知的科学态度，勇于质疑、不断突破的创新能力……数学以其独特的思维方式和不断的探索与改进，让数学探究的过程充盈着科学与理性的魅力。

（二）情意知行相统一

基于对“人”的理解，每位个体的数学学习，必然是感性、理性相融合的实践活动过程。这一过程中，有思考、有认知、有探究、有实验……同时也伴随着冷静、专注、不安、迷茫、舒畅、愉悦等丰沛的情感。参考涂源安对“完整的人”从生理性、心理性和社会性（文化）三大存在，以及意情知行四个功能活动维度所梳理的认识模型，教学经验层面所认同的那些观点再次得到明确：人的发展不仅是知识的增长、认知能力（知）与实践能力（行）的提升，还有情感的丰厚、价值观的完善、信念与意志的坚定，以及人格的完善（意）等，这些成长要素是“在自我意识主导下各要素内在一致性、完整性的整体提升”①，情意知行彼此相互作用、协同、循环因果。

聚焦数学这门“纯理性”的学科，广义上的数学情感（即数学非认知能力）的关注则显得更为必要，虽然因其内涵之复杂，我们很难给它下定义，但无论是实证研究还是理论框架的探究，都对“理清并促进学生长期的积极数学情感”持有共识。蔡金法等老师所梳理的三类数学学习情感要素：对数学的信念（belief in mathematics）、对自己数学学习的信念（belief in learning mathematics）、对数学学习环境的信念（belief in the

①涂源安．指向理解教育中“完整的人”的认识模型建构及其应用［J］．中国教育学刊，2022，12：88-92.

environment of learning mathematics）可有助于我们全面理解。其中，数学的信念包括了数学价值观（mathematics value）、数学认同感（mathematical identity）两大要素，对数学学习的信念包括了数学焦虑感（mathematical anxiety）、自我效能感（self-efficacy）、数学学习的自我概念（the self-concept of mathematical learning）、对数学的态度（attitude）和意向（intentions），对数学学习环境的信念则包括了与数学教师的关系、与同伴合作学习数学等[①]。而 Rogers 提出的"三边模型"（triple code）则呈现了问题解决过程中积极情感从即时到长期的发展脉络：好奇心（curiosity）—费解（puzzlement）—疑惑（bewilderment）—激励（encouragement）—高兴（pleasure）—快乐（elation）—满意（satisfaction）—长期且稳定的积极情感（positive emotions）[②]。Goldin 等也提出了消极情感发展路径：挫败（frustration）—焦虑（anxiety）—害怕或绝望（fear / despair）—长期且稳定的消极情感或敌意（hatred）。这些研究成果，都有助于我们聚焦数学教学，去探索促进情意知行合一的支持策略与路径。

第三节　实践经验与理智省思的聚焦

一、成长历程中的积淀

经历是生发个体经验最重要的外在资源。于此而言，我是幸运的。从教 34 年间，我分别在 3 所名校工作：我的母校江苏省南通师范学校第二附属小学、南京师范大学附属小学和南京市北京东路小学。工作在培养了新中国基础教育第一代和第二代旗帜性人物斯霞老师与李吉林老师的学校，我的教育实践经验涵育并形成于深厚的沃土中。

---

①姚一玲，蔡金法，孔企平．国外近年来数学学习情感复杂性研究的新趋势［J］．数学教育学报，2022，31（3）：70-76.

②M. Planchard, K.L. Daniel, J. Maroo, et al. Homework, Motivation, and academic achievement in a college genetics course［J］.Journal of College Biology Teaching，2015，41（2）：11-18.

我入职的前10年，起始于教学管理的“兵荒马乱”，如溺水求生、不知如何撰写教案的苦思冥想和教学实施中无法预料的“挂黑板”、上不完等尴尬境遇，因师父日常细致入微的点滴指导和教学示范，诸如“这个问题应该怎么问比较合适？学生可能出现什么情况？当学生出现这种问题时，教师应该如何处理？怎样的教学方式是有效的、富有智慧的？”等等，沟通的技艺、教学的机智、展示的自信等实践经验，就在这“听课、复盘、示范”反复循环的教学细节打磨中，于日积月累中“滴水汇涓流”。我记忆最为深刻的是1999年的一次赛课。虽然只是一节课，但随着一轮轮的筛选，我前前后后足足准备了10个月。这一段时间，既有压力之下寝食难安的煎熬，更有巨大收获带来的欢欣雀跃。试教一次又一次，教案一次又一次地推翻，细节一次又一次地更改。为了最后的全国性比赛，我前后试教了近20次。每一次的试教，大到教学目标的定位、教学环节的设计，小到板书设计、语言表达，甚至课堂上的一举手、一投足，让我改掉了很多日常没留意的不良习惯，实现了教学实践日渐自觉的自我超越。

随着第八次课程改革中新理念的冲击，我审视着自己的家常课，录音录像原汁原味呈现的，是从形象到声音都充满着的力量。这种不可置疑的“权威”力量，自然让我的学生无法真正舒展地展示与表达。收敛“强势”的锋芒，显然是从现实课堂趋近理想课堂的“桥梁”，“倾听、理解每一个不同的学生并有效组织多维立体的互动交往”，是我必须拥有的教学能力。于是，我每日带录音笔进教室，每天回听、反思自己的课堂，通过捕捉自己课堂上的话语方式，寻找对话的策略，寻找建立对话场域的举措。于是，在“我，该做何为？有何不可为？可做何为？还可做何为？”等关乎对话的不断叩问中，我的课堂样态于“静悄悄”中渐变。

二、理性省思中的明晰

作为一名小学数学教师，数学，是师生相遇于课堂的主要话题，关于数学的价值，自然也是伴随每一位数学教师教学生涯的恒常主题。学生为什么要学数学？小学数学教育的核心价值是什么？小学六年的数学学习历程，学生应留下哪些“生命的痕迹”？如何让这烙进生命中的印迹，成为滋养学生“血脉”的营养和使其茁壮的力量？

从情境教育发源地到“童心母爱”教育思想生发场，耳濡目染间的文化浸润，令我对学校教育的意义渐渐有了清晰而坚定的认知，那就是“促进每一个人活泼泼且可持续的成长”。这里的“每一个人”固然是学校教育的培养对象——个性鲜明的每一名学生，也是促进每一名儿童成长的教师，是于“学校”这一人与人相遇的场域中的“每一个人”。“活泼泼”是当下的一种生命状态，是灵动中涵育智慧的活力表征，也是实现健康且可持续的成长的力量之源。“可持续”是一种发展态势，其背后是动力系统的持续激发、方法层面的外部供给、长期积淀而成的能力素养。

如此，聚焦数学这门学科的教学，如何帮助学生积累数学经验？如何促使学生对数学产生良好的情感体验？如何让学生获得方法的指引？如何促进学生自主建构、自我反思？如何在学生幼小的心灵中埋下理性精神的种子？……这些零散式的追问，因常问常思，核心观点日渐明晰：

（一）数学教育的学科本质是思维，是演绎、归纳共聚焦的逻辑，是一种理性精神

“数学为人们提供了一种理解与解释现实世界的思考方式。”数学的思维，于每一个人而言，有助于“形成重论据、有条理、合乎逻辑的思维品质，培养科学态度和理性精神”[①]。但这种理性精神不是“死板的科学”的代名词。正如郑毓信教授所言：“综观数学发展历史，我们可以看到一个有趣的现象：在我们所说的数学精神中常包含有强烈的感情因素，常表现为对于（数学）美的欣赏与追求。”[②] 只是，这样的美，常常表现为一种理性美。

（二）学生数学学习中“四基”（基础知识、基本技能、基本思想、

①中华人民共和国教育部．义务教育数学课程标准（2022年版）［M］．北京：北京师范大学出版社，2022.

②郑毓信，王宪昌，蔡仲．数学文化学［M］．成都：四川教育出版社，2000：82.

基本活动经验）、“四能”（发现、提出、分析和解决问题的能力）的获得和发展与数学情感的发展相辅相成

正如研究者的研究，以及 PISA 2012、PISA 2015 所进行的研究和数据分析获得的“学生的情感对其学业动机、选择和表现有非常重要的影响作用”[①]“学生情感与其学业水平直接相关”[②]“大部分国家学生的数学成绩越高，其数学积极情感也越高”[③④]，都表达了学生数学情感与数学学业水平之间的显著相关性及互为因果的相互作用。

（三）提供给学生那些引发兴趣、有所挑战的数学问题和任务，并在学生数学认知与探究过程中给予适切的支持，是数学教学的应有之举

正如众多研究者对始于马斯洛（Abraham H. Maslow）自我实现论中提出的“高峰体验 / 顶峰体验”（peak experience）的研究所取得的成果表明，高峰体验这一情感体验，作为定性检验人类实力的一种方法[⑤]，是与认知活动相伴相随的。契克森米哈赖（Csikszentmihalyi）提出的“心流”（Flow）这一概念，明晰且丰富了对高峰体验的认知。作为一种个体的主观体验，人们在专注进行某种行为或沉浸在某种情境时所表现出的心理状态，其出现一般包括：有挑战性且可完成的任务、全神贯注、任务有明确的目标、任务会提供即时反馈、心无旁骛地专注于任务、有强烈的内在愉

---

①F. Pajares. Self-efficacy beliefs in academic settings［J］. Review of Educational Research，1996，66（4）：543-578.

②R. Pekrun，A.C. Frenzel，T. Goetz，et al. The control-value theory of achievement emotions：An integrative approach to emotions in education［M］.Massachusetts：Academic Press，2007：13-36.

③Organization for Economic Co-operation and Development. PISA 2012 results：Ready to learn：Students’ engagement，drive and self-beliefs（Volume III）［M］. Paris：OECD Publishing，2013：13-45.

④Organization for Economic Co-operation and Development. PISA 2015 results：Students’ well-being［M］.Paris：OECD Publishing，2017：10-70.

⑤G. Privette. Peak experience，peak performance，and flow：A comparative analysis of positive human experiences［J］. Journal of Personality and Social Psychology，1983，43：1361-1367.

悦感并能自由控制自己的行动、“忘我”状态以及时间感的改变[①]。这与聚焦数学学习研究所获得的发现，比如米德尔顿（Middleton）的定性研究分析所得出的“学生的内部动机是源自他们的兴趣、数学活动的挑战性以及个人的自控能力”[②]的结论彼此呼应，都为“数学教师如何进行教学设计”提供了有力的依据。

（四）学校及教师作为重要的学习环境和外在中介，可以促进或遏制学生数学学习情意知行的发展

学生对学校的整体情感会影响他们的数学学习情况[③]，与数学教师和同伴的关系对学生的数学学习情感和成绩存在显著的相关性，甚至会对学生未来是否选择继续学习数学或从事与数学相关的工作产生显著的影响作用[④]，学生与数学教师的关系会影响他们的学业自我概念和学习兴趣，而且课堂注意力又会受学业自我概念和学习兴趣的影响[⑤]。

综上，数学思维和良好的数学情感是小学数学教育促进人的发展的核心与关键。给学生提供有意思、有挑战的学习素材，在平等、亲近又激扬的师生关系中，形成理思与情感交融的学习场域，促进学生经历数学学习的“美妙”之旅。这成了我日渐明晰的数学教学观。就在这点点滴滴的日常教学追问中，从庞杂到明晰，于纷繁中凝聚，“理趣”二字逐渐凸显。

---

①米哈里·契克森米哈赖.心流：最优体验心理学［M］.张定绮，译.北京：中信出版社，2017：126.

②J.A. Middleton. A study of intrinsic motivation in the mathematics classroom: A personal constructs approach［J］.Journal for Research in Mathematics Education, 1995, 26（3）: 254-279.

③Y. Yao, Q. Kong, J. Cai. Investigating elementary and middle school students' subjective well-being and mathematical performance in Shanghai［J］.International Journal of Science and Mathematics Education, 2018, 16（1）: 107-127.

④D. P. Martin, S. E. Rimm-Kaufman. Do student self-efficacy and teacher-student interaction quality contribute to emotional and social engagement in fifth grade math? ［J］.Journal of School Psychology, 2015, 53（5）: 359-373.

⑤杨莉.小学生主观幸福感及其对数学学业成绩的影响［D］.上海：华东师范大学，2013：32-70.

第四节　已有研究成果分析

一、数据来源及年度分布

以“理趣数学”为检索条件进行图书馆馆藏资源和CADAL的查找，并进一步在图书销售平台上进行搜索，均未搜得以此为篇名或部分篇名的著作。以“理趣数学”为主题进行检索，相关著作有广东陈晓燕老师编写的“理趣数学教学研究系列”之《批判性思维与小学数学教学》，书的前言提及“2018年，提出‘理趣数学’教学主张”，但通过知网进一步检索，未见据之予以阐述的文章。

以中国知网为检索来源，以“理趣”为主题进行检索，时间截止至2023年7月31日，共获得2671篇文献，约半数为中国文学、文艺理论、中国语言文字、宗教、哲学等人文研究领域成果，属于初等教育领域的文献有503篇。检索条件设置为主题包含“理趣”和“数学”，获得99篇文献，其中初等教育的有74篇。以“理趣数学”为主题进行检索，共获得89篇文献，其中初等教育的有69篇。以“理趣数学”为篇名进行模糊搜索，获得35篇或“数学理趣”或“理趣”与“数学”分散的文章，而以“理趣数学”为整体核心概念的仅有1篇。近年来，数学教育领域对“理趣”的关注度明显提升，年研究成果数量呈现出比较稳定的波段态势，显示出“虽未高关注但一直有瞩目”的状态。（见下组图）

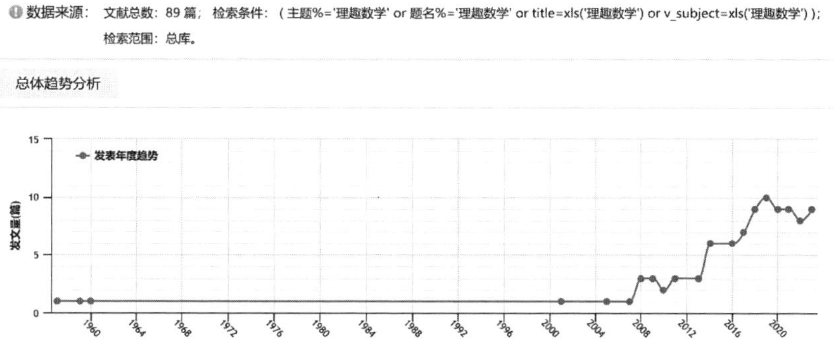

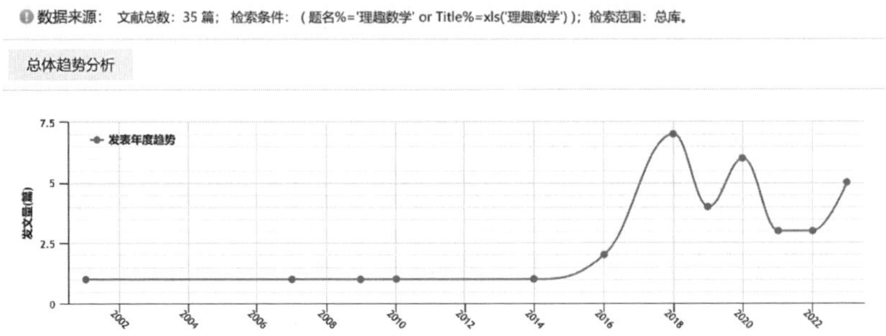

二、作者结构与来源

有意思的是，以上搜索呈现出江苏教师是此主题的主要研究人群，且主要为小学的一线教师，他们所在的学校覆盖苏南、苏北、苏中，既有城市小学也有乡镇学校。（参见下图）

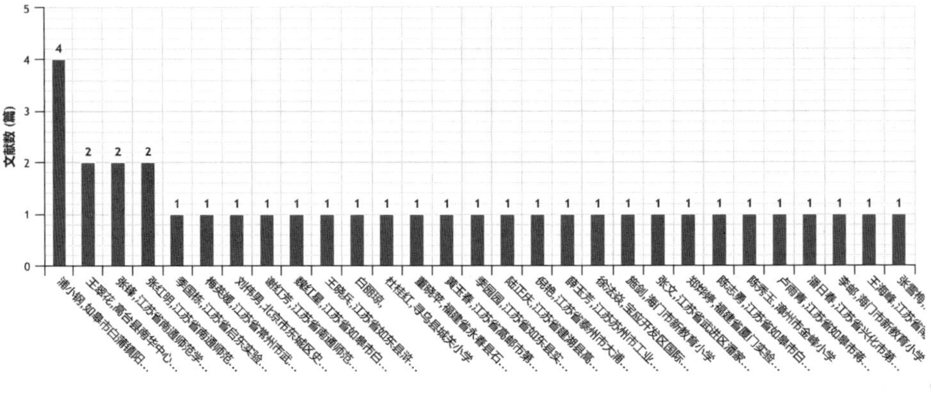

三、研究主题分析综述

细读小学数学教育领域的 31 篇相关研究成果，通过聚焦主题的归类分析，大致呈现出如下特点：

（一）对“理趣”内涵的不同理解

有的认为“理趣是数学学习的终极心理体验与审美体验”，理趣体验是“关注代表智慧的思维水平发展的体验活动，不仅是一种教学方法、一种教学思想，更是一种教学境界”（潘日春，2020），提出通过调动学生的学习兴趣，引导学生对数学内容进行“深层次挖掘”和理性思考的“理趣体验”（张雪梅，2020）；有的默认理趣为“数学学科本质”并以教学案例来剖展如何引导学生理解数学内容并激发兴趣的（梅英媛，2016）；有的将理趣定义为“含理而有趣，自然而情真”并予以教学实践经验的总结（王翠花，2020）和理趣课堂错误资源的利用（杜桂红，2021）；有的将理趣界定为“逻辑趣味”并予以案例说明（王耀玲，2001）；有的将理趣与情趣相比照，认为理趣是“间接、抽象、理性的”，并提炼了教学实践的操作要义（季国栋，2010）；有的认为“理指向儿童的思维，趣指向儿童的情感”，并据此呈现理趣相融的数学课堂样例（倪艳，2020；郑烨婷，2023）；有的以教学案例呈现的设计理念，表达“理就是数学的本质和思想，是间接、抽象、理性的”“趣就是有意思、有趣味，是直接、具体、感性的”（谢红芳，2018）；也有的从学习需求、学科本质和数学挑战等维度阐释理趣数学的价值意蕴，并提炼了四个阶段的操作实践（王海峰，2023）；还有的认为推理能力是核心素养的重要部分，要让学生领略到数学推理的趣味、数学学习的趣味，即为“核心素养”时代应追寻的“理趣”，并提炼了相应的教学实践策略（王晓兵，2018；董晓苹，2020）。

（二）对“理趣课堂”的不同描述

或将“理趣课堂”界定为“有理又有趣的课堂，是理性与感性相结合的课堂”，并以案例呈现“教学做合一”的“理趣课堂”的实践（张红明、张锋，2023）；或将理趣课堂描述为“对课堂教学内容、教学过程、教学方式、评价方式等进行优化与变革，让教师教的过程与学生学的过程充满乐趣、智趣和情趣，让学生通过内心感悟、实践体验实现创新精神和实践能力协同发展的课堂”，认为理趣课堂的本质是让学生获得思维的挑战和情感的愉悦（李郇，2023）；或阐述核心素养视域下构建理趣课堂的重要性，并提出十大课堂教学的有效路径（陈秀玉，2023）。

（三）理趣之名下纷呈的教学主张、风格和策略

比如刘伟男老师提出“好玩数学，理趣共生”的教学主张（刘伟男，2018）；比如陆正庆老师以案例阐释“让学引思”“用问题激发思维，让

课堂融情生趣”的数学教学观（陆正庆，2016）；也有以他者视角观察名师的课堂，将“理趣交融”“情理相容”等作为名师的教学风格予以分析的（哈尔滨教育研究院小学教研部，2009；张文，2014）；还有的以理趣之名探兴趣激发之计（黄玉春，2018；卢雨青，2007），将理趣作为数学课堂之韵总结教学经验（薛玉芳，2018），认为“数学教学应当追求一种理趣”，并提炼出相应的实践经验（徐法焱，2019）等。

综上可见，虽然近年来小学数学教育研究者聚焦学科育人价值，对“理趣”有了越来越多的关注，但对理趣内涵的理解还停留在语义层面，没有形成理论支撑下的理性阐述，也未见理论与实践双轴并进的系统阐释与探索。

第二章　理论基础及概念

理趣，释义为义理情趣，亦指思理情致。作为中国古典诗歌美学中的一个重要概念，主要体现在宋代诗中。其理趣之义，即文字言约而意丰、隽永而精辟，发挥开启心智、启迪思想之功能。对于引入学科教育教学中的这一概念，我们显然有必要在梳理其理论依据的基础上明晰其内涵。

第一节　不同领域的聚焦

理论是一套可以用来解释事实、事件或观点的想法或一般性原则，也可被看作“一套有可能指导行动的规则”（Dye，1999）。作为一种抽象知识的存在，凝聚着“他者（或专家）的思想和经验”（Sjolie，2014）。当然，理论也可以是“源于特定情境中的实践活动”（Glaser and Strauss，1967），作为一种“实践智慧”（phronetic theory）的凝练而存在。显然，理性省思我们的教学实践，比照“抽象知识”由外而内的聚光，有助于我们由内而生的“实践智慧”拥有更多的生长能量。

一、心理学的启示

教育史上第一个将心理学作为教育理论依据的教育改革家赫尔巴特（Herbart J.F.，1776—1841）认为，人所有的知晓（perception）均依赖于在记忆中业已具备的“观念统觉团”（apperceptive mass of ideas）①，这一对统觉（apperception）的强调，成为他教育理论的基础，并据此

①吴庆麟．教育心理学［M］．北京：人民教育出版社，2019：4.

提出了影响深远的“五步教学法”，即教学过程的五个阶段：①准备（preparation）；②呈现（presentation）；③联系和比较（association and comparison）；④概括或抽取（generation or abstraction）；⑤实际应用（practical application）。

兴起于德国20世纪初的格式塔（Gestalt）心理学，强调经验和行为的整体性，认为有机体感知的是整个模式或结构，意即“整只大象”，而非“象”的某一部分，同时，“整体大于各部分之和”，比如，我们感知一朵花、一棵树，不仅仅是对它们的形状、颜色、大小等的感知，还包括了我们过去有关花和树的经验及印象，所有的这些加起来，才是我们对一朵花、一棵树的感知。这与皮亚杰的“图式”开发过程联系起来，就形成了一种对认知过程的解释：个体先前个人经历中获得的信息储存于记忆中，以自己理解世界的方式塑造了已有的图式。当新情境中新情况出现，个体会无意识地回溯图式，预期将要发生的事情，并在感知、分析、思考、验证中，调整现有的思维模式，容纳新信息，为图式增加了新内容。

谈及教育心理学，除了标志这门学科形成的美国心理学家桑代克（E. L. Thorndike，1874—1949）的著作《教育心理学》（1903）及其联结主义说，以及巴甫洛夫、斯金纳等行为主义学说之后，创立了“发生认识论”的皮亚杰（J. Piaget，1896—1980）所提出的“认知发展”“认知结构”“认知机能”“图式”“组织”“适应”“同化”“顺应”等（关系见下图[①]），是我们理解认知主义观点时不可忽略的概念。皮亚杰对“人总是积极地、理性地试图学习”的基本判断，形成了他对智慧或思维的本质的认知——生物适应性的一种特殊表现，故此，儿童的思维（智慧）源自主体对客体的动作，来自主客体的相互作用。在主客体互动为前提的适应过程中，“当思维成功地将现实同化为自身的框架，同时这些框架又被现实呈现的新环境顺化时，思维就适应了这种现实。因此，智力

①吴庆麟．教育心理学［M］．上海：华东师范大学出版社，2003：30.

上的适应通过演绎结构对经验的同化和经验数据对这些结构的顺化来达到平衡”[①]。

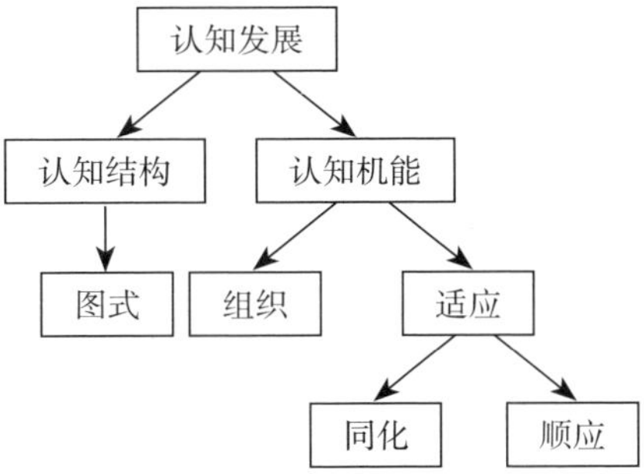

创立社会文化历史学派的维果斯基（Vygotsky，1896—1934），作为社会建构主义和情境学习理论的先驱，他在儿童心理和教育心理上的研究，尤其是探讨思维与语言、学习与发展的关系上的研究成果，至今依然是我们教学实践中广泛依靠的理论之源。其对个体心理（认知）发展的判断——“是在特定社会文化环境的影响之下，以各种逐步掌握的心理工具（即人类社会特有的语言和符号）为中介，在各种低级心理机能的基础上，逐步发展高级心理机能过程”[②]，他提出的“内化”学说（即儿童与成人交往过程中，将外部的人类经验不断转化为自我头脑中内部活动的过程）、“最近发展区”的概念（即认知发展的真实水平与潜在水平之间的距离），催生了教学支架这一广泛运用的教学策略，依然有力指导着我们当下的教学实践。

近百年来，人类的智力也一直是心理学研究领域的焦点，从经典智力理论到现代智力理论，无论是以因素分析法为核心对智力这一“人脑的内部特性和有待发现的心理结构”的静态描述，还是随着信息加工心理学的蓬勃发展得以通过计算模式研究智力的内部活动过程，随着时光叠加而

①让·皮亚杰（J. Piaget）. 教育科学与儿童心理学［M］. 杜一雄，钱心婷，译. 北京：教育科学出版社，2018：167.
②吴庆麟. 教育心理学［M］. 上海：华东师范大学出版社，2003：42.

日益凸显的研究成果和观点，让我们当下的学科教学有了更为坚定的依仗。比如20世纪50年代，美国心理学家卡特尔（R. B. Cattell）等就发现了两种智力因素——先天决定的流体智力和依赖于后天的学习和经验所形成的晶体智力；吉尔福特（J. P. Guilford）70年代确立的涵盖150种独特智力因素的三维模型，从操作、内容和产物三个维度阐释了人的智力结构，已颇具挣脱单一静态视角、顾及智力生发的动态过程进行归类的意味；90年代戴斯（J. P. Das）等心理学家通过对信息加工理论、认知研究新方法和智力研究传统方法的结合，提出人类智能活动的三级认知功能系统的智力模型——PASS（Planning，Attention，Simultaneous，Successive Processing，即“计划—注意—同时性—继时性加工”）模型，注意—唤醒系统、同时—继时编码加工系统，以及最高层次的计划系统相互影响、共同作用（见下图[①]），实现个体对知识的加工过程。这一理论揭示了“个体策略的获得是一个归纳和渐进的过程”“策略的归纳过程是在一系列经验的基础上进行的”、提供“归纳、概括的方法，就有可能发展远迁移”、“基本原理具有良好的迁移性，而技能则不能迁移”、个体在理解中可通过自动化归纳或推理形成基本原理。

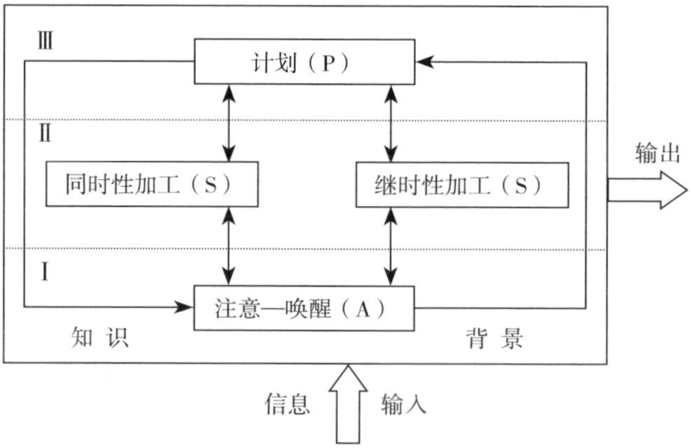

除此以外，加德纳（H. Gardner）的多元智能理论、斯腾伯格（R. J. Sternberg）的三元智力理论（即情境亚理论、经验亚理论和成分亚理论），

①吴庆麟．教育心理学［M］．上海：华东师范大学出版社，2003：90.

在打通个体内、外部世界的联系中，聚焦“聪明”“智慧”来理解其成分因素、行为表征及心理机制，特别是斯腾伯格基于三元智力理论提出的“成功智力”（successful intelligence）所包含的分析性智力、创造性智力、实践性智力，对我们如何聚焦核心素养的发展，培养“适应未来发展的正确价值观、必备品格和关键能力”都有着深厚的参考价值。

回望中盘点那些启发并指导我们如何“培养活泼泼、全面发展且个性鲜明的人”的教育心理学理论，当我们融通人格心理学、认知心理学、社会心理学等不同领域的理论观点，共同聚焦“具体的人”的“爱国情怀、社会责任感、创新精神和实践能力”等核心素养的培育，不难发现，外部的环境与重要他人，内在的动机、情感、思维模式和能力，以及内外交互的“中介”和任务，是学校教育遵循儿童的阶段特点与成长规律前提下统筹考虑、缺一不可的行动之“纲”。

二、神经科学的佐证

近十来年蓬勃发展的神经科学的研究成果也让我们聚焦“人”的学习的研究更具有了生物学的理据，这些跟学习、数学学习等有关的“证据”，可让我们的教育教学行动有更明确而坚定的方向。

人在进行基本算术的时候，最强的脑部活动位于左侧顶叶以及控制手指活动的运动皮层区域（Dehaene，Molko，Cohen & Wilson，2004）[①]。当人做算术时，这个涵盖了部分顶叶和控制手指的运动皮层部分被高度激活。有研究者推测可能人类的祖先最先关于数字的经验就是使用他们的手指，然后控制手指的脑区域就成了后代脑中负责抽象心算的区域（Devlin，2000）。有意思的是，脑成像实验和临床个案研究表明，数字符号和语言表达数词所使用的大脑加工位置不同。数字符号预置在与做算术相一致的大脑左侧顶叶的数字模块中，而普通的语言数词则保存于左侧额叶的布洛卡区。布洛卡区是大脑的语言词汇加工区域[②]（见下图）。而人脑是

①戴维·A.苏泽.人脑如何学数学［M］.赵晖，等，译.上海：上海教育出版社，2019：13.
②戴维·A.苏泽.人脑如何学数学［M］.赵晖，等，译.上海：上海教育出版社，2019：21.

将数字作为一个数量而非词汇来理解的。这提示我们，在数的认识及数感的深化中，动作、感知是密不可分的认知方式。

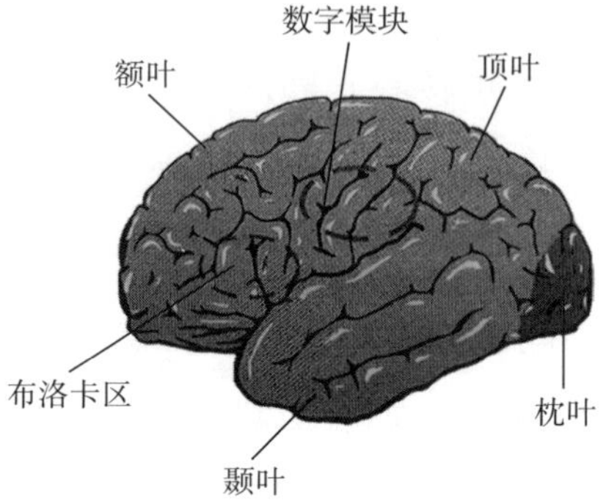

神经学家认为人有两种执行不同任务的暂时性记忆，即认知神经学家所说的瞬时记忆和工作记忆（Spuire & Kandel，1999）。人所输入的信息，只在瞬时记忆中持续几秒，在工作记忆中，通常保持几分钟或几小时，有需要时，也可保持几天。存储于工作记忆中的信息，通常会获得记忆主体的关注并需要获得注意聚焦。人的工作记忆是有容量限制的，会随年龄而有所变化。一般而言，小学阶段的儿童能同时处理3—7个项目，工作记忆的组块数平均为5个，工作记忆的时间大概也只有5—10分钟。工作记忆中的信息要么被编码进入长时记忆，要么从记忆系统中被清除。大脑以什么标准来做出决定？脑扫描结果显示，当知识很容易被理解（有合理性）并能与过去的经验相联系（有意义）时，大脑会有大幅增多的皮层活动，信息被长久储存的可能性随之大大提高（Maquire，Frith & Morris，1999）①。显然，那些有存在意义的信息，因其“合理”且对自己“有意义”，自然会生发相应的情感体验，于是迅速被储存。

而长时记忆则有陈述性记忆和非陈述性记忆两种类型。陈述记忆，无论是情景记忆还是语义记忆，都需要有意识地输入和加工，需要额叶的积极参与，也有可能会被遗忘。而非陈述性记忆（也成为内隐记忆），其中数学学习中最常用的非陈述性记忆的一种——程序性记忆，通常是

①戴维·A.苏泽.人脑如何学数学［M］.赵晖，等，译.上海：上海教育出版社，2019：49.

无意识加工或不需要额叶的参与的，往往是自动触发的一系列步骤，所以不会被忘记。脑成像研究指出，程序性记忆和陈述性记忆储存于大脑的不同区域。

复述是将信息从工作记忆转移到长时记忆的关键。工作记忆位于额叶中（Goldberg，2001），形成长时记忆的过程中额叶有着很高的参与度。几项功能性磁共振成像研究显示：在较长的复述过程中，额叶的激活量决定了项目是被储存还是被遗忘。（Buckner，Kelley & Petersen，1999）

大脑的发育是非线性、非匀速发展的，不同脑区的发育速度和发育节点也各不相同。成长阶段的儿童，其学习的效果往往取决于那些负责认知、运动和情绪技能的脑区的发育成熟程度。情绪反应产生于人脑的边缘系统，而额叶的功能之一就是评估和调控由边缘系统产生的情绪类型和强度。数千年的“学习”，人类大脑在过滤机体获取的所有信号时，生存和情绪信息具有高度优先权。所以，大脑的生长中，情绪系统比额叶发育快，成熟时间也要早得多（Paus，2005；Steinberg，2005），边缘系统在人 10—12 岁时就已发育成熟，而额叶的成熟则要到 22—24 岁。这意味着，小学阶段少年儿童的学习，往往是情绪驱动注意，再由注意推动着学习。当然，还必须认识到的是，情绪注意的发生比认知上的意识产生要快，小学生对学习环境的情绪性反应也基本比理性反应要快得多。

有研究者运用正电子发射断层扫描（PET 扫描）测量被试学习不同类型信息时大脑血流模式的变化，根据大脑血流水平的改变推断神经激活的程度。研究发现，当信息比较新奇时，左右颞叶都被强烈激活，而面对练习过的（数次呈现过的信息）任务时，右侧颞叶的激活水平就急剧下降，只能激活左侧颞叶。这说明，大脑右半球与新奇刺激相关联，而左半球则与常规信息相关联[①]。可见，学习任务是否具有新奇性，将直接影响学习者的好奇心及学习兴趣，也将带来学习动机及学习效果的改变。

① 戴维·A. 苏泽 . 人脑如何学数学［M］. 赵晖，等，译 . 上海：上海教育出版社，2019：137-138.

认知神经科学的研究启示我们，学习过程中积极情感的投入，能助益学习动机的增强；而给学生自主选择的机会，则有助于动机的激发以及注意力的维持，学生在这过程中可以体会操控感，生发责任感；学习者对新知与已知以复杂的方式所进行的联结，则可催生批判性分析等高水平的思考。

三、学习理论的聚焦

人类对自己持之以恒的好奇与探索，以及对文化传承、自我发展、价值创造等话题的追问，必然最终落到对“人究竟是如何学习的”这一奥秘的探寻中。随着心理学、神经科学等的研究推进，学习理论也纷纷呈现。于笔者而言，教书育人的实践经验与这些理论的相遇，无论是醍醐灌顶下的认同还是半信半疑中的部分接纳，每一种“相遇后的反应”，都是自己觉察或未曾觉察的理性认识的唤醒与明晰。若追问“浩瀚的理论之海中首取的‘那一瓢’是什么”，显然，学习主体的明确必然让人聚焦“动机”这一核心。

动机（motivation）作为“激发、维持并使行为指向特定目的的一种力量”[①]，具体到学习上，无论是极端地认为“没有动机就没有学习的发生”，还是颇为中性地认可“动机在学习中起到极大的促进效能，但并非不可或缺”，虽然在动机对学习的作用上观点不一，但基本普遍认同在长期的有意义的学习中，动机是必要的。如果没有学习心向，就不可能确定新任务的意义，不可能根据自己的经验将新材料、新内容与自己的已有认知结构相融合。

“传统”的行为主义理论，将操作性条件反射和经典条件反射作为联想式学习（associative learning）的两种形式[②]，认为通过外在刺激，无论重复强化中有没有奖惩等“激励”手段，都能形成特定的刺激与特定

①吴庆麟．教育心理学［M］．上海：华东师范大学出版社，2003：301.

②卡萝尔·汤普森，莉迪亚·斯彭斯利．学习理论的日常教学应用［M］．郭晓娜，译．上海：上海教育出版社，2022：30.

的反应之间的联系。所以，无须讨论诸如内驱力、需要、愿望等纯属主观猜测的术语。但随着人本主义理论的兴起，对动机的解释以及动机何以产生的探寻，在内在需要和外部诱因的双重视角中，动机理论日渐丰满。其中最为著名的是马斯洛的需求层次理论的动机模型——生理需要、安全的需要、爱与归属的需要、尊重的需要以及自我实现的需要，从前四种的缺失性动机到最后的成长性动机，让人日趋完整与统一。

而弗鲁姆（Vroom，1964）的期望理论（expectancy theory）也提出了动机三要素：期望值（expectancy）、工具性（instrumentality）、效价（valence），三者同时作用，动机才能产生。说到这，就必须提及人本主义思想中的另一个观点——“相信”的重要性。从自我意识出发，申克（Schunk，1984）所认为的“如果觉得任务会失败，人们就不会努力。如果相信自己能够做成某件事，人们就可能会努力”，以及班杜拉（Bandura，1986）著名的“自我效能（self-efficacy）越高，就会表现越好”，都让我们看到了“相信成功”的力量。而我们所熟知的皮格马利翁效应（亦即罗森塔尔效应），因为相信且期待，于是在积极的心理暗示与互动中，因为“期待什么”，便“得到了什么”。甚至于，莱瑟姆和洛克（Latham and Locke，1991）提出目标设定理论时也有一个重要发现：设定具体的、可测量的、具有挑战性的目标，会对动机产生积极的影响。

与此相应的是，维果斯基（1978）那深深影响着我们的关于学习的三个关键因素：学生的现有水平和可能达到的水平之间的“最近发展区”（zone of proximal development，简称 ZPD），在“更有见识的他者”（more knowledgeable other，简称 MKO）的指导和鼓励下，学习者以自己的方式与学习主题互动并形成自己的理解和新认识，个体的学习在社会互动中得以促进。学习是一个社会性的过程，学生是通过与他人、环境和教师的互动来学习的，这一过程中，外部互动与内在心理相互作用着。与维果斯基的观点有着异曲同工之妙的，还有与他未在同一时空也未曾受其影响的布鲁纳（Bruner，1978）。他们都基于个体自我建构的视角探讨学习何以产生，布鲁纳还特别提出了“脚手架”的搭建，以便于学生自主、积极地“发现学习”。

讲到动机的学习促进，那些经典仍旧可资借鉴。奥苏贝尔（Ausubel，1960）以提升学生参与学习的意愿或动机而提出的“先行组织者”（advance / forward organizers）操作系统：第一步，由教师用学生能够理解的语言对课程目标给出清晰的解释，并引导学生建立它们与之前课程的联系；第二步，合理呈现学习内容，让学生在设计的教学框架中主动积极地投入到认知与建构中去；第三步，鼓励学生以批判的眼光审视新知，促进每一名学生建构自己的认知理解。海因（Hein，1991）将“先行组织者”引入教学，据此提出的学习的九大原则：①学习是一个主动的过程，在此过程中，学习者能够通过感官输入构建意义；②学习既包括意义的建构，也包括意义系统的建构，学习者在发展他们各不相同的意义系统中学会了如何学习；③建构意义是个体的心理活动；④语言是重要的“中介”，学习者通过语言理解教师的期待，并将语言为载体的新内容融入自己的图式；⑤学习是一项与人际关系有关的社会活动；⑥学习是情境性的，是在与已知世界的联系中学习；⑦原有的知识是新知识形成的基础；⑧创造和确立意义系统是一个循序渐进的过程，所以学习需要时间；⑨学习者需要激励，需要有明确的目标并理解其意义。[①]

第二节　理趣数学的提出

一、理趣之意涵

（一）“理”之韵

《说文解字》注“理，治玉也”。“理”的本义是“加工玉石”，即顺着纹路把玉从璞中剖分出来。《战国策·秦策三》记载“郑人谓玉未

①卡萝尔·汤普森，莉迪亚·斯彭斯利.学习理论的日常教学应用［M］.郭晓娜，译.上海：上海教育出版社，2022：30.

理者璞”。“理”从“治玉”的本义中引申出对一切事物的整治、料理之义，治理国家为“理国”，料理财务叫“理财”，修理头发叫“理发”。玉石上的花纹也叫“理”，据此引申出物质本身的纹路、层次即为“理”。事物的纹路即“纹理”，如木纹的“木理”、皮肤纹路的“肌理”等。进一步引申推及客观事物本身的次序，比如思想和语言的层次、工作和生活的秩序即为“条理”。自然，整治、料理事物必须按照事物的内在规律进行，事物的内在规律或道理叫“物理”，“物理学”就是研究物体不改变化学性质只改变形态位置的变化规律的科学。如此释义下的“理”，合乎情理叫“合理”，真实、正确的即为“真理”。动词意义和名词属性的“理”字，最终都落在了规律、次序、标准的把握，以及据此的循“理”而为上。

如此，若将人的数学学习的过程视同“加工玉石”的过程的话，那么，获得“四基”（基础知识、基本技能、基本思想、基本活动经验）、发展“四能”（发现、提出、分析和解决问题的能力）、形成正确的情感态度和价值观的“纹路”（即规律）是什么？

要回答这个问题，显然有必要从一般性和特殊性的视角共同聚焦儿童的数学学习。我们的学习对象——数学这门学科自身的“理”是什么？如此，数学学习于人的意义是什么？即数学教育之“理”是什么？从目标定位上，数学教育所追求的价值是什么？落到儿童这一学习主体上，其数学学习中知情意行发展的规律是怎样的？观照数学学习的整个过程，儿童的数学认知有着怎样的次序和机理？

正如绪论中所提及的，数学这门研究数量、结构、变化、空间以及信息的形式科学，它是科学的“语言”、生活的“工具”，自带文化和审美的属性。数学教育是以科学精神、理性思维为核心，是情意知行相统一的过程中实现“完整”的人的发展过程。基于数学的“理性”之本质，儿童的数学学习，必须是“讲理”的，这是形成深度理解以及从自发走向自觉的理性意识的关键路径；儿童的数学学习，也必须是注重“条理”

的，抽象概括、归纳演绎的过程都有其自身的“序”和逻辑，思维的清晰、简练和敏捷，是长期浸染于数学思考可预见的收获；儿童的数学学习，更必须是符合“学理”的，是基于学生身心发展及认知规律的顺势而为。

（二）“趣”之意

《说文》：“趣，疾也。”趣的本义为急、赶快，疾速。作为动词，引申为催促、督促、赶快、从速；作为名词，则表达为强烈吸引人的兴味、意向、意志、爱好的“意趣、旨趣、志趣”等，更有表达使人感到愉快的趣味，如“兴趣、乐趣、情趣”。显然，“趣”有主动获得之意，有快乐愉悦之情。

联系儿童的数学学习，“趣”之义与作为动力“泵机”和实现人完整的发展的心向、情绪、动机及情感几乎完美重合。个体想学数学的意向为“趣向”，对数学新知或问题的好奇成为“兴趣”，快速投入数学学习的行动为“趣之”，感觉数学有趣的兴味是“乐趣”，即便遇阻依然执着投入的意志为“志趣”，获得成功后无法替代的那种数学情感及认知，就是触摸数学之“旨趣”所获得的“意趣”。相较于人文学科育人中的情意知行相统一，学习数学这门理性的形式科学，“趣”之情与意的感悟，因其难而显得尤为重要。

于数学教师而言，如何给学生提供“好吃有营养”的学习材料，让学生感到数学好玩有意思，因数学内容的趣味性、思维性引发源源不断的好奇？如何设计具有挑战性又在“每一个”的最近发展区内的学习任务，让学生感到数学学习能成功，因成就感、获得感而不断积蓄良好的数学学习情感？如何在兼顾积极情感、数学思维和学习方法的教学设计中，建构多维互动的学习场，让学生面对数学这门结果往往确定但过程方法可多元的学科，因学习的自主性、差异性而不断发现新视角、产生新思考？数学之趣、学习之趣、差异之趣的体悟与收获，理应成为教师与儿童相遇于数学课堂时关注的主线。

二、理趣交融的底层逻辑

（一）“儿童数学教育”之辨

“儿童数学教育”实践的逻辑是怎样的？它作为一个词组，其组成要素至少可有“儿童”“数学”“教育”，以及组合而成的“数学教育”“儿童教育”等，对这些要素关系的不同确定，比如谁主谁次、谁为核心等的不同定位，必然形成不同的理解。通过日积月累的实践经验以及不断的自我追问，笔者逐渐明晰：儿童、数学以及教育的特质与规律，是进行儿童数学教育的关键维度，以三者为坐标系之轴，对三要素的清晰理解和彼此观照就构成了“儿童数学教育”实践场域（见下图）的“气象”。

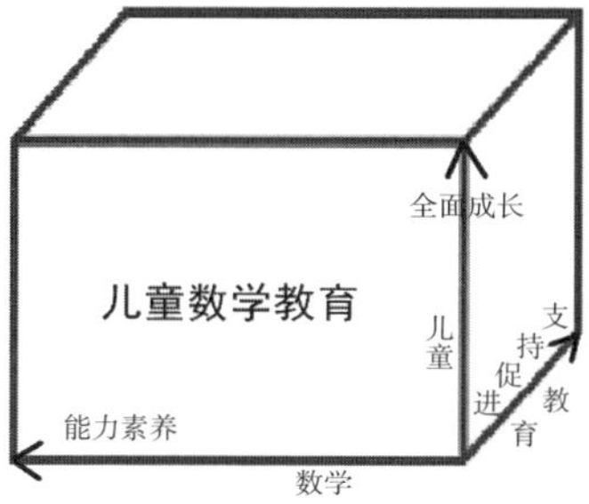

上图中顶天立地纵轴维度的“儿童”提示我们，“儿童”是主体，儿童当下的学习和未来的持续成长决定了儿童数学教育的“高度”。一切数学教育活动，都要基于对儿童认知特点、学习规律的把握，都要以儿童全面而个性的活泼泼生长为目标。如此，促进儿童成长的数学学习，不仅有对“知识技能”“认知风格”“思维水平”等维度的考量，还应有“情感、态度、价值观”等层面的关照与支持，儿童的全面发展，是儿童数学教育的旨归。

底部横向铺陈的“数学”则提醒我们，数学是这门学科独特的学习任务，儿童的一切发展，都基于对数学这门学科的学习来实现。以数学知识和思想方法为对象，研究数学内容，把握数学本质，缕清数理逻辑，感悟数学情感，才能使教学紧扣数学之轨道，让儿童拥有数学眼光和数学思维，并能用数学的语言去表达。这就是数学学科将“正确价值观、必备品格和关键能力”予以落实的11个具体的核心素养的由来。

另一条支撑“儿童数学教育”从“平面”走向“立体”的轴，则是不可忽略的“教育”。它提示我们，教育是我们在“人与人相遇”场域中的行动，立德树人是教育的根本任务，于数学学科教学中育人是我们的使命。“教育”即是在人与人的交往中，通过教师这一影响学生的重要他人，对教育尤其是数学教育规律的把握，以理解与对话的方式对儿童进行引导与支持的过程。

作为小学数学教师，我们在研究儿童的学习规律中，终于懂得为什么“玩是儿童的天性”“学习是人的本能”，儿童的学习，必须是“有趣好玩”的；我们在探寻数学的本质属性中，终于明白数学“冰冷”之下的“火热”是什么，科学思维与理性精神的美与感召，其核心在于“我思故我在”以及“数学之思”独特的“形式”；我们在践行教育的过程中，终于理解影响并促进“全面完整而富有个性”的人的成长，教育的循规律而行，必须与对儿童学习和数学学科的深度理解相融合。由成长“原点”出发，“儿童”“数学”“教育”彼此观照和互相融合，方形成气象万千的“儿童数学教育”共生之态。

（二）理趣缘何交融

儿童数学教育必然遵循儿童成长之“理”、学习生发之“理”、数学本质之“理”、教育价值与实践规律之“理”，“理”为核心。

这就意味着，儿童立场是秉持儿童成长之“理”的起点、过程和归宿。学生是否具备积极的学习认知，是否葆有浓厚的学习兴趣？能否省思自己的学习状态，能否根据自身情况和实际情境的不同选择适当的学习策略？能否对信息做出自觉有效地收集、鉴别和运用？儿童学习意识的形成、学习方法的选择、学习进程的自我评估和调控……如此种种对儿童学习的认识之旅，都必须以理解儿童为基础。

儿童是怎样的存在？儿童对世界和生命的感知和体验是直观感性的，他们对一切充满好奇和困惑，也常常产生出乎成人意料之外的各种问题。

这些问题的稚嫩、纯朴甚至于“无厘头”，都是儿童对周遭世界及自我的积极探索、思考和解释。儿童就在对自主生发的那些问题的好奇与疑惑中开始探究与思考。

而儿童探索世界的过程，似乎就是一种“玩”。“儿童会通过自己主导的玩耍和探索来教育他们自身”“正如儿童来到世界上就会吃喝才能活命一样，他们来到世界上就具备了自我教育的本能——学习那些知识和技能”“那些本能的驱动力，广义上说，就是好奇心、爱玩的天性及社交性”[①]。难怪古希腊语中“游戏”（paidia）和“教育”（paideia）有着相同的词根，都指儿童的活动。

如此，从儿童的视界看教育，趣味性和游戏性不就是“以儿童的方式引导儿童的学习”的关键所在吗？满足儿童好玩的天性，呵护儿童的纯真与好奇，促进儿童的探究与创造，就必须将“有趣的素材、有意思的情境、好玩的活动”作为考量儿童教育是否真为了儿童的标尺。

以数、符号和公式所呈现的“学术形态的数学”往往是“冰冷”的，正如数学家安德烈·韦伊所说的“数学的特别之处，就是它不能为非数学家所理解”。席慕蓉在《几何惊梦》中所描绘的数学噩梦并非少数人的感受，究其原因，都是过于注重数学的形式化技巧而给人带来的心理阴影。但“教育形态的数学”则应是“火热”的，因为教育场域中的数学，“不是一种语言，而是一场探索”。“数学是创造性的艺术”（哈尔莫斯），触摸数学、获得数学的过程，“需要的是想法，不是符号”（高斯）。它是一场从事发现与猜测、直觉与灵感的活动，是一种不断产生疑惑的状态，无关乎“懂”与“不懂”，而是不断产生新的疑问和想法，也常常伴随不知道自己的“创造”会走向何处的无措，是“像艺术家一般遭遇挫折”“被几近痛苦的美丽所折服与赞叹”。它也是一个“有机会享受当一个有创造力、有弹性、心胸开放的思想家”的过程。所以“数学是最纯粹的艺术”，是“想知道

---

①彼得·格雷．玩耍精神——会玩的孩子真的有出息［M］．洪萃晖，译．北京：北京联合出版公司，2015：31，126.

（wondering）、游戏（playing）、用自己的想象力来娱乐（amusing）自己”[①]。从学习者的经历视角，“观察、思考、发现问题、解决问题”的欲罢不能，就是体悟数学美与神奇的“火热”所在，亦即深刻的学习之“趣”。

三、理趣数学的内涵意蕴

以前文梳理的那些心理学、神经科学聚焦“人是如何学习的”“儿童是如何学习的”“数学的认知是如何发生的”等研究成果为理论基础，基于人的完整性立场，特别关注动机在儿童认知、情感、能力、品格的和谐发展中所发挥的功能意义，故此提出“理趣数学”这一小学数学教育实践的核心主张。

（一）理趣数学是一种数学教育的理念

理趣数学是针对小学这一学段少年儿童的数学学习而提出的。它强调儿童的数学学习须符合其天性、遵循其认知规律，因此，“好玩的、有意思的”数学内容及活动是引发学生新奇感、好奇心的重要资源，是学生高度的行为投入、思维投入和情感投入的前提；而“我在场”“我主控”的独立探究、操作感知、自主思考、对话合作，则是保持积极主动的学习“卷入”的方式；学习过程中的及时反馈与矫正，是首因效应下让儿童获得清晰理解的关键；每个学习阶段开放性、复杂性探究任务的设置及其驱动下的自思、自省与建构，是让理解走向深刻并获得高阶思维发展不可或缺的契机；伙伴间的交流合作，亦是将差异变成彼此启发与激扬的学习资源。理趣数学，是基于儿童学习之“理”，注重情意知行和谐发展的活泼泼的学习之旅。

理趣数学也强调必须恪守学习内容——数学于人的成长的意义，强调依据数学知识体系独特的结构性和内在一致性，让学生的数学学习，能于调动、激活知识经验中，对学习内容加以解释，重新建构其意义，实现知识的学习涵盖表层符号到内在的逻辑形式和意义领域，形成“深刻”

---

①保罗·洛克哈特．一个数学家的叹息［M］．高翠霜，译．上海：上海社会科学院出版社，2019：31-33.

的知识结构，并在理解的基础上，“能够将其在一个情境中所学的知识运用于新情境”，在迁移应用中，解决新问题或真实情境中的复杂问题。它也强调数学思想方法在数学学习中的重要价值，“数学的本质是思维”，数学的学习就是从问题出发，在提出问题、思考问题中，以数学思想方法独具的条理性和逻辑性，让学生在抽象与概括、类推与联想、归纳与演绎中，实现清晰、流畅、严谨、灵活等思维品质的提升，促进情境性思维、批判性思维、创造性思维等高阶思维能力的发展。理趣数学，是基于数学教育之“理”，在数学认知中发展数学思维、积淀数学经验、精进数学技能、实现以核心素养的培养为重点的数学课程育人价值。

（二）理趣数学是一种数学教育教学实践

当下，课堂依然是师生主要相遇的地方，在这真实的空间中，师生间以怎样的方式互动交往，除了营造出怎样的教学生态，也“规定”了数学学习中“集体”数学思维方式的推展。这里的“集体”，并非大一统的一致行动，它可能是相似的思路、方式的彼此确认，也可能是解决相同问题时不同的思考维度和结果的缤纷呈现。这样的“缤纷”，也许实现分辨中的各自明晰，也许达成差异比较后的共识，但都促进了每一个学习者思维的进一步深入。它意味着，此时、此地、这群人的“在场”，是鲜活的生命相遇，这场共同漫溯数学学习彼岸的旅程，不可复制也不可重来。

它意味着数学教学作为一种关系性的实践，教师就是那“人有意识地改造人”中的前者，教师作为“平等的首席”，是学生与数学这一客体知识互动的重要中介，极大影响着学生学习的感受、过程和结果。如此，教师如何设计教学是决定实践效果的关键。选择哪些有趣的学习素材调动学生投入学习的兴趣？采用哪些适切的教学手段维持学习的全员卷入和思维深入？以怎样的教学逻辑推进，让学习与改变真正发生？当然，教师的教学风格和实践艺术也是不可忽视的催化剂。教育是经验的艺术化交往。一个风趣有魅力的教师，自带吸引学生喜欢数学学习的“气场”，一个习惯于“从学生实际出发，不断改革教学方法，使学生学得轻松愉快”[1]的教师，必然精于“以爱的方式和艺术化的策略促进儿童经验和教师经验等不同个体经验之间的对话和交往”[2]，必然善于构建一个尊重、赏识、支持的教学环境，让儿童的数学学习始终保持昂扬的态势。

①斯霞．斯霞文集（肆）[M]．南京：江苏教育出版社，2010：97.

②余颖．斯霞“童心母爱”教育思想的现代诠释[J]．江苏教育研究，2020，10：27-33.

第三章　理趣数学的学习特质和机制

理趣数学作为一种具体的数学教育认识与实践，“教”的展开必须紧紧围绕着“学”的发生、发展。理趣数学所倡导的“学”是怎样的？又是如何生发的？显然，我们必须关注学习者，更准确地说，是小学阶段的学习者，梳理其学习特质及生发机制。

第一节　理趣数学的学习特质

小学阶段儿童的数学学习，其学习特质固然可以依据不同的分类标准进行归类，但必然离不开对认知和非认知功能等要素的考量。霍华德·加德纳（Howard Gardner）的多元智能理论（Multiple Intelligences Theory）和彼得·霍尼（Peter Honey）与阿兰·蒙德（Alan Mumford）提出的学习风格理论（Learning Styles Theory），让我们确定人生而不同，成长亦不同。普适性的学习规律适用于类别化、阶段化的概括性理解，但不可能全面观照到具体课堂中每一个鲜活灵动的学习者。自我决定理论（Self-Determination Theory）和成就动机理论（Achievement Motivation Theory）也告诉我们，人们对学习的自主性和动机决定了他们的学习特质，接受挑战、向往成功的力量强弱，也是影响学习特质的重要因素。因此，聚焦每一个完整而“具体”的人，理趣数学观念下的数学学习，必然具有以下特质。

一、“不同的”数学

数学这门“研究数量关系和空间形式的科学”，源于抽象，又“基于抽象结构”，“帮助人们认识、理解和表达现实世界的本质、关系和规律”[①]。相较于其他学科，数学作为“运算和推理的工具”，也具有其独特的“表达和交流的语言”，因此，数学的学习，对学习者而言，理性思维、科学精神以及个人智力的培育，具体化地体现于独特的数学核心素养的形成和发展中。抽象能力（数感、量感、符号意识）、几何直观、空间观念、创新意识、运算能力、推理意识与能力、数据意识与观念、模型意识与观念以及应用意识，是数学课程育人独特的核心价值所在。如何紧扣数学核心素养的培育，甄选体现数学学科特征的内容，以结构化的整合，引导学生经历数学知识的形成过程，体悟数学思维及探究方法？理趣数学观下的数学学习，是紧扣学科本质、聚焦发展思维、涵育理性、提升智慧之“理”的本原定位。

人工智能的时代背景下看数学，显然抽象的符号和形式推理不是数学的全部，如何在这个智能时代，更多地聚焦现实世界中的复杂问题的解决，思考数学的实际应用？相较于对经过长期发展和验证、具有严密逻辑和推理体系的传统数学的理解和掌握，这个时代更迫切需要创新思维和实践能力，我们的数学教育观也应更多地聚焦高阶思维和问题解决中的能力素养，以开放的态度和开阔的空间，探寻“鱼”之背后的“渔”之道及“渔”之新。这是面向未来的数学学习所应有的“不同”，也是理趣数学所追求的目标。

数学教育自然要面向全体学生，需要充分尊重个体在数理逻辑智能、空间智能以及注意力、记忆力、思维特质等智力水平和认知特质上的差异，充分尊重不同的学习者学习过程中所偏好的学习方式和策略的不同，充分尊重不同的学习者对数学学习的动机和目标导向的强弱之别，充分尊重不同的学习者学习过程中情绪状态、自我调控及情感体验的各不相同……基于对人的差异性的理解，将因材施教落实于多样化的资源供给、工具支持和路径方式上，适应“每一个”学生个性发展的需要，从而实现

① 中华人民共和国教育部．义务教育数学课程标准（2022年版）[M]．北京：北京师范大学出版社，2022.

“人人都能获得良好的数学教育，不同的人在数学上得到不同的发展”[①]。如此，从学习者个体差异的视角，不同的人经历着不同的数学学习过程。即便是相同的教学目标、内容和流程，于组织、引导学生的教师而言，不同的学生、不同的场域，也意味着我们“不可能两次踏入同一条的河流”。我们每一次陪伴学生的学习之旅，都不可复制。

二、“我”的数学

学习是一个学习者获取信息，积累经验，产生认知、行为乃至潜能的改变的过程。理趣数学观下的儿童数学学习，是一个“自觉自主的活动”。儿童通过自主感知与主观再造，产生自己的认知并产生相应的行为和心理反应。在这个主观能动的过程中，儿童的思考与探究充分体现其个人倾向和意志，是在“我的”“学—思—行”中，“按自己的愿望探索”“按自己的意愿行事”，从而实现知识的创新和再造以及自我的完善。显然，儿童这一学习者是当仁不让的主体，学习是否发生？发生的过程及效能如何？皆须聚焦儿童的改变来衡量。

如此，“理趣数学”理念下的儿童学习，意味着学习者有着清晰的学习目标，对自己如何完成学习任务的路径和策略有着合理的安排，能够以高度专注的状态投入学习，善于发现问题、提出问题，对于未经检验或证明的方法和结论保持审慎的态度，对于存疑的内容敢于“发声”质询，问自己、问同伴、问老师，且不仅仅止步于问，而是在问中开启新的探讨。学习过程中与他人的互动交流，既积极地表达自己负责任的观点和思考，又认真倾听他人的想法并予以辨析。对于共同完成的任务，从分工到执行到协调，都能以“我的任务我负责，我们的任务共承担”的态度和方式予以落实。也就是说，儿童数学学习的主体意识和责任心，是实现积极的自我建构的关键。

当然，儿童是否具有足够的自我主导的权利和能力？是否对数学学

① 中华人民共和国教育部．义务教育数学课程标准（2022 年版）［M］．北京：北京师范大学出版社，2022.

习内容葆有积极的稳定的心理倾向，渴望探究与获得数学发现，并为此采取主动的学习行为？是否能够在学习目标、过程及效果等方面进行自我确定、自我设计、自我管理、自我调节、自我评估与转化？是否能够在遭遇困境或失败时不放弃、不等待，不断尝试“另辟蹊径”？这些关乎自主学习的能力，决定了“我的数学学习我做主”的最终效能。

三、好玩的数学

“好玩”是孩子的口头禅，“玩”一字在《辞海》里有玩习、玩味、研习之义。“数学好玩”是数学家陈省身先生对数学由衷的赞美。自然，有如陈先生般痴迷于数学探索与研究之人所感受的“好玩”，也有如席慕蓉般感觉数学如噩梦的存在。是否“好玩”，取决于接触数学之人的心理体验。

理趣数学强调的是学生自主且投入的学习状态及过程。儿童触摸数学、探究数学的过程中必然有着各种情绪的涌动和心理感受的交错。那么，它们是否促进了儿童的数学学习？是否让其沉迷其中、即便遇阻也欲罢不能？又是否带来无法替代的自我满足和愉悦？如果答案是肯定的，“好玩”的情感体验自然生发。

如此，顺应儿童天性，能让儿童感受到“好玩”的数学学习显然不是严肃的。它有着欣喜若狂、争辩不休、苦思冥想等多种鲜活的“面孔”。但这“好玩”又不是热闹欢腾的，更多的时候，是心潮澎湃的火热思考外的平静和专注。

“好玩”意味着学习内容及学习过程中所体会到的“有趣和奇妙”，有趣的学习内容，不仅仅是数学游戏、数学魔术等为儿童带来新异感的内容，还包括小学阶段大量的处于数学“原始生长点”的内容，诸如一一对应思想这类根部的数学概念，基本都来源于有趣、生动的现实生活中的问题，而它们又往往跟人类的好奇心相通。回到其原本生发的“节点”，感受数学知识发生发展及其思想方法的奇妙，是数学“好玩”之所在。正如苏霍姆林斯基所言“接近和深挖事物的本质及其因果联系的实质，这一过程本身就是兴趣的主要源泉”。

“好玩”也意味着迎接挑战中的“成功与舒畅”，正如苏轼《武昌九曲亭记》所表达的“天下之乐无穷，而以适意为悦”。来自“最近发展区”的挑战，打破学习者原有的认知平衡，“逼迫”自己在同化与顺应中实现新的平衡。这样经苦苦思索后“跳一跳，摘到的果子”所带来的愉悦情绪和成功感，是感受数学“好玩”最为深刻的情感。

“好玩”还意味着顺应儿童学习的天性，以儿童的方式去探索数学的“感知与建构”。正所谓“眼过百遍不如手动一遍”，动手操作是感知的重要方式，也是儿童感觉在“玩”的重要途径。双手和大脑这“两个宝”带来的多种感官的共同参与、协调发展，高度激活大脑左侧顶叶既控制手指活动也发展数的认识、运算与数感的运动皮层，“玩”就是儿童数学学习的方式。

“好玩”的另一层深意还在于将内化的知识在解释、应用中外显于实际问题的解决，让人们感受到数学不一样的视角和表达所展现的独特价值，即“应用与价值”。数学是游戏，24 点、七巧板、数独、神奇的汉诺塔等，是蕴藏于游戏中的数学思想方法给予我们的智慧馈赠；数学是生活，红绿灯、购物方案、出行计划等，生活中处处有数学，世界是数学的世界；数学是艺术，黄金分割、斐波那契数列、毕达哥拉斯数等，所带来的艺术创造之美，是让人沉醉的“永恒”；数学还是历史、是故事、是科学……数学就是数学，释放着独特的价值与魅力，这就是数学不可被替代的“好玩”之处。

正如古希腊哲人普罗塔戈所比喻的，大脑“是一个需要被点燃的火把”。理趣数学观下儿童的数学学习，就应如童话、游戏般激活思维、点燃想象、催生灵感，是一种唤醒“沉睡的”想象力和激情的活泼泼的“好玩”的数学。玩出认知结构、玩出数学思想、玩出数学经验，玩中求知、玩中悟理。当学生体会到数学学习活动的乐趣和思维的乐趣，发现数学探索的乐趣和数学思考的魅力，便会滋生数学好玩的情趣，从内心深处生发对数学的喜爱。由此而言，“好玩”是教学的手段，也是教学的目的，“好玩”是教学的外部形式，也是学习的本质。

第二节 理趣数学的学习机制

学习机制是指学习是如何发生、发展和结束的，即学习的一般过程是怎样的。进一步从内部和外部两个维度来梳理，内部机制可分解为学习的发生、发展及结果三个阶段，外部机制则是这一过程中相应发挥作用的要素，如情境、策略、工具、路径等。聚焦“理趣数学”的内涵意蕴与学习特质，搭建以下学习机制模型（图 3–1）。

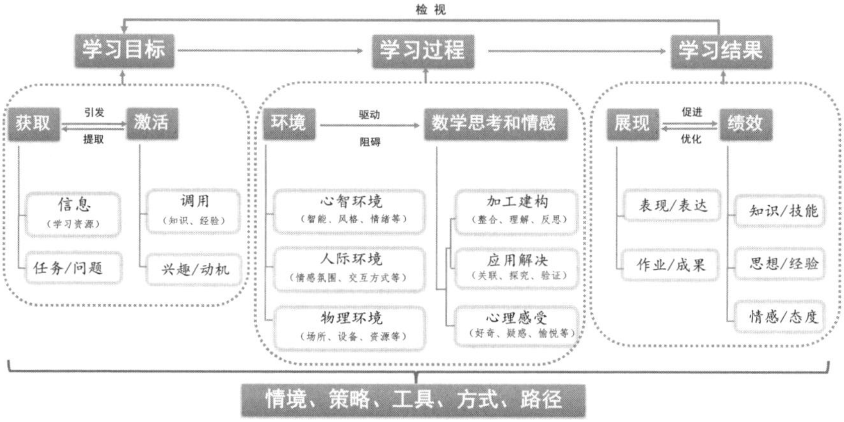

图 3–1 “理趣数学”学习机制模型

一、内部机制——学习者视角

（一）学习的发生

学习的发生，就是引发学习者明确自身具体的学习目标或任务的过程。这一过程可能源于“外部”的引发，比如外部学习资源（教材、工具、技术、他人观点或思考等）作用于学习者；又比如教师、同伴提出的讨论话题、问题或活动任务被学习者获取，从而生发出学习探究的兴趣，并由此开始调取和“激活”自身的知识储备与经验基础。也可能是没有外在“刺激源”的情况下，学习者自己因好奇、兴趣或更深层的学习动机，基于已有经验或认知基础，主动提取并筛选学习资源，从而生发出某个问题或探究任务。

这一过程，无论是由外而内还是经内部生发、外显而得以确认，其开端与路径不同，但最终都指向学习目标的自我明晰。学习的“发生”依据的是信息获取与调用的基本规律，倚仗的是“趣”所蕴含的好奇、兴趣与动机，二者缺一不可、相伴相生。学习之旅在信息传输与加工之“理”和符合儿童特点的学习之“趣”的相互作用下开启。

（二）学习的发展

学习的发展则是一个内外环境交互作用下，以数学思考为核心的数学认知与情感推进的过程。这一过程中，学习环境是最为关键的变量。学习的环境大致包括心智环境、人际环境和物理环境。物理环境是客观存在的场所、空间、设施、设备及学习资源，班级授课制下，大多数时候就是学习的场所——教室所提供的空间大小、桌椅灯光、媒体设备、学习器具以及信息技术等。心智环境则是学习者的个体特征和学习状态所形成的“内置式”环境，它与每一个学习者的智能特点、认知特质、学习风格、动机特质，以及学习过程中或稳定或波动的情绪状态、情感体验和动机强弱有关。而人际环境则是经“内外”交互而形成的。它涉及学习者与他人交互所形成的人际关系、情感氛围，以及信息汇聚与加工的方式、路径等。

涵盖情感、动机、认知、行为等各个维度且内外全方位“包裹”住学习者的“身—心—境”系统，深刻影响着学习者数学认知及问题解决的进程。舒展的空间、匹配的资源、积极的状态、合适的方式、有效的互动和充分的支持，引发并维持着思维、行为和情感的全方位“卷入”，推进思考的深入。信息的组织、编码、存储和检索等加工过程，促进新知与已知的联系和整合；“解释、阐明、应用、洞察、神入、自知”[①]等主体活动，促进意义与经验的对接，以及知识学习经由表层符号深入内在逻

①格兰特·威金斯，杰伊·麦克泰格．追求理解的教学设计［M］．闫寒冰，宋雪莲，赖平，译．上海：华东师范大学出版社，2017：94.

辑形式和意义领域；良好的社会互动——合作交流与讨论等，促进学生发展自己的数学认知和理解，形成动态的、个体化的认知结构的构建。同时，在理解的基础上将知识、技能进行迁移应用，实现“将一个情境中所学的知识运用于新情境”，解决新问题或解决真实情境中更为复杂的问题。就在这猜想、发现、顿悟、重构、应用的过程中，好奇、疑惑、紧张、愉悦、舒适等心理感受必定如影随形。它们既是学习过程中自带的“产物”，又与学习者身处的学习环境共同作用，或积极驱动或阻滞扼制着学习的进程。

（三）学习的结果

如此，学习者的知识技能、思想方法、数学经验以及情感态度价值观等方面所产生的改变都是学习的结果。它通过学习者的行为表现、言语表达以及作业成果等予以展现，反映着学习者理解和应用的实际情况。当外显的行为表征、思维过程以及发现与结论获得肯定与欣赏，学习者的认知得以确认、方法得以掌握、动机得以激励，这就进一步促进了学习结果的长久保持和灵活运用。反之，如果在表达与表现中暴露出盲区或偏差之处，即时反馈，在对话交流中纠正与明晰，亦可发挥优化改进之功能。这样的学习结果的检视，印证着学习目标是否达成。

这其中，最为重要的是在展示中引导学生分享和创建个人意义与集体意义的同时反省自己的思维活动和学习。成功的学习结果的展示，一定有让学生“公开介绍他们的作品并解释他们的思维活动”“回答来自教师和同伴的质疑”的环节，教师也“会以学生的解释为基础，引导反思性思考”且“会用标准调节学生的解释和介绍”。[①] 有效的反思是以学生独立地重新审视自己的思维活动为重要特征的，因此，在课堂交流、集体讨论以及成果的公开分享、公众式的互动之“表”下，是“私人”的内省，是回顾个人与集体学习历程中的确定或改变，以及新的学习目标或任务

①加侬，柯蕾．建构主义学习设计：标准化教学的关键问题［M］．宋玲，译．北京：中国轻工业出版社，2008：58.

的又一次出发。

二、外部机制——教学视角

内部机制的运行有赖于外部机制的作用。外部机制，更多考量的是如何以“教”的设计与实施以及“教与学”的互动支持“学”的发生和推进。如此，教学场域中的情境、策略、工具、方式等因素发挥着重要的影响作用。

（一）以情境教学引发动态生成

情境是一个相对宽泛的概念，《现代汉语词典》定义为“情景、境地”，《辞海》解释为“一个人在进行某种活动时所处的社会环境，是人们社会行为产生的具体条件”。如果将“情境”作为两个名词组合而成的词组，“情”所代表的情感和“境”所指代的“人的各种活动时空环境”相互作用，就产生了“情境”。此处所指的是小学数学教学领域中的教学情境，即数学教学（主要是课堂教学）中由教学主体所创设的影响学习动机和学习进程的学习环境。

《义务教育数学课程标准（2022年版）》中，情境是一个高频词，与之搭配组合出现较多的有“生活情境”“实际情境”“现实情境”“真实情境”“具体情境”等，词义略有差别但都指向“现实世界”。其中最为突出的是对“真实情境”的强调[①]，除了前所未有的22次提及，更在“课程实施”中进行了详细梳理，“真实情境创设可从社会生活、科学和学生已有数学经验等方面入手，围绕教学任务，选择贴近学生生活经验、符合学生年龄特点和认知加工特点的素材”[②]。显然，关注情境的真实性，是指向数学学习价值感悟的根本出发点。它在教学活动中的具体落实，则体现在具有真实性的“问题”中，因为“数学是关于问题的学科”[③]，以问题为主线，让学生处于“一种有目的但又不知如何达到这一目的的

---

①仲崇恒．新课标视域下小学数学教学情境的理解及改造［J］．小学教学设计，2023，3：21.

②中华人民共和国教育部．义务教育数学课程标准（2022年版）［M］．北京：北京师范大学出版社，2022.

③保罗·洛克哈特．一个数学家的叹息［M］．高翠霜，译．上海：上海社会科学院出版社，2019：73.

心理困境"[①]中，"想出来了、还没想出来、发现模式、进行猜测、提供正例和反例、设计论证、评论成果"……就在关联问题的情境中，兴趣、思维得以调用与激发，策略、方法得以获取与运用。

其目标任务的创设，指向核心知识的理解、关键问题的把握以及重难点的突破；其内容选择，符合儿童的趣味，贴合儿童的实际，以儿童的生活和学习经验为基础；其形式表现，尊重儿童的真情实感、心理需求和认知特点，力求凸显数学学科本质，激发学生的积极学习情感。它以蕴含思维逻辑之序的问题串、富有挑战且真实的任务链、立体多维彼此激扬的互动圈为表征，在动态的内外环境相互作用中，使学习者的认知理解、思维发展、情感体验"漫溯深远处"，并最终落实到学习者数学核心素养和能力"静悄悄"地提升。

（二）以教学支架促进探究建构

"支架"意为建筑行业中的"脚手架"，美国心理学家伍德最早用之描述外界对某人学习过程所给予的有效支持。当学生面对复杂的学习任务进行探究感到比较困难时，需要教师把教学任务进行适当分解，搭建一些帮助学生思考、理解的平台，引导学生逐步走向深入探究，这便是"教学支架"[②]。

教学支架是教师在学习者自主探究、建构过程中提供的"辅助"，它有别于接受学习中教师的讲授和辅导，它只是学习者独立探究、思考过程中可以借用的"梯子"。它可能是教师在学生认知过程中提供的一个概念框架，让学生在具体的学习目标中，借助框架中的概念一步步进行知识结构的搭建，从而得到认知的发展[③]；它也可能是资源供给、问题引导、

①郭成，陈红．试论小学数学课堂教学中创设问题情境的有效策略［J］．课程·教材·教法，1999（9）：48.

②岳欣云，董宏建．探究式教学的"扶""放"之度与层次性［J］．课程·教材·教法，2013（7）：84-89.

③翁琳．支架式教学用于培养高一学生物理问题解决能力实践探索［D］．南京师范大学，2018：7-8.

实验设计、样例示范、程序步骤、评价建议和图标等工具，其作用就是帮助学生明确方向、理清思路、完成探究与构建。

学生自主探究的需要以及能力的高低是评判支架设计是否合理的依据，如此而言，对于能力相对较弱、方法策略相对不足的学生，教师就需考虑提供“小步子、多工具”的支架铺垫，甚至于“给个样例”供模仿也未尝不可。而对于思维比较灵活，自主探索动力强、能力强的学生，教师除了提供“大空间、开放性”的任务驱动之外，也许只有在学生学习进程中遭遇困境，需要建议和帮助时，才提供“不得不出手”的支架。而介于两者之间“独特的每一个”，学习风格、智能水平、学习动机、情绪状态千姿百态，对于班级授课制中的教师而言，个别化的支持，需以教师多维丰实的预设准备、全面及时的观察了解、灵活机动的教学机制为条件。这是一个“永远在路上”的努力过程。

（三）以多维对话实现自我创造

教育意味着平等交往和精神对话，在社会性的意义建构中凸显主体间性、实现个性化、释放创造性。正如戴维·伯姆所比喻的“对话仿佛是一种流淌于人们之间的意义溪流，它使所有对话者都能够参与和分享这一意义之溪，并因此能够在群体中萌生新的理解和共识”[①]。通过对话，思维如潺潺流水般流淌，共享意义、生发新思。马丁·布伯认为“我你”关系就是一种对话关系；保罗·弗莱雷将对话看成一个共同“命名世界”的创造行为；哈贝马斯则把对话视作现代交往中最合理、有效的一种方式。可见，教学场域中的对话，其形式之表所呈现的固然是一种沟通，但又不仅仅是沟通。它更是一种与平等、宽容、开放、信赖、倾听、反思、合作、创造等紧密联系的心灵与心灵、智慧与智慧、灵魂与灵魂的相互碰撞。数学教学中的对话，除了强调民主平等的师生关系的构建，更强调按数学发现问题、提出猜想、进行验证或反驳的探究路径实现经验的共享和知识的创生。

①戴维·伯姆．论对话［M］．王松涛，译．北京：教育科学出版社，2007.

在数学对话教学中，彼此接纳、碰撞火花、理解意义、激发活力和创意是其旨归。因此，对话必然是多维立体的。与教材所代表的学习内容的对话，于教师而言，是一个根据学情将知识逻辑转变为教学逻辑的“二次创作”的过程；于学生而言，是一个跨越认知经验、水平与数学既定知识结论的“差距空间”的过程。在此过程中，学生的数学学习不再局限于记忆、模仿、接受、操作，科学态度、批判性思维、理性精神和创造力的生发被赋予了可能。课堂教学中师生之间、生生之间聚焦数学内容进行的交流，始于独立的思考，基于平等尊重的态度，将倾听、理解贯穿于整个过程，从而奏出交响乐式的课堂。这其中最为重要的是，信息的汇聚不是简单的堆砌和叠加，而是彼此启发、碰撞后的进一步加工。达成共识、生发新的问题和思考是对话的“常规产品”，它催生着自我的对话，让学生在探究与反思中推进着数学思维活动。

（四）以适切方式支持数学活动

儿童的数学学习应当是一个主动的、生动活泼的和富有个性的过程。“认真听讲、独立思考、动手实践、自主探索、合作交流等是学习数学的重要方式”[①]，作为学生学习的组织者、引导者、合作者，如何让学生真真切切地“利用观察、猜测、实验、计算、推理、验证、数据分析、直观想象等方法”学习数学？显然，多样的方式选择，唯“适切”二字宜作考量。

浪漫视角下的数学，是“梦幻及富有诗意”“激进、具破坏力和带有奇幻色彩”的“最纯粹的艺术”，“简单就是美”（simple is beautiful）是数学的美学原则，就是让我们对“想象的创造物提出简单而直接的问题，然后制作出令人满意又美丽的解释”。因此，数学是发现，也是“说明的艺术”（the art of explanation），“创造”的过程极其重要，这一过程包括了“提出自己的问题、自己猜测与发现，试错，经历创造中的挫折，

① 中华人民共和国教育部．义务教育数学课程标准（2022 年版）［M］．北京：北京师范大学出版社，2022.

产生灵感，拼凑出他们的解释和证明”[1]。因此，适合数学学习“唯一正确的方法就是实行‘再创造’，就是由学生本人把要学的东西，自己去发现或创造出来”（弗赖登塔尔）。

科学理据视角下儿童的数学学习，无论是学习金字塔理论所表明的实践（practice doing）的学习效果是两周后依然有75%的内容“属于自己”，还是神经科学所揭示的控制手指活动且发展数的认识与数感的是同处于大脑左侧顶叶的皮层，都归结于一个结论：动作、感知就是认知数学密不可分的方式。那么，“做数学”就是支持小学阶段儿童数学学习时需考虑的重要一环。

无论是做“疑”与“惑”驱动下的数学实验，将可视化的思维导图等过程展现，还是调用数学知识与经验解决实际问题或创作数学日记、绘本等，依据不同的学习内容和学习路径，“做”的方式和节点不同，但都是在手指与大脑的联动、眼耳与思考的对接中，“做”与“思”的相辅相成和相互促进。

进一步将这一理据与“人的学习本能——好奇心、爱玩的天性和社交性”的观点，以及“小学阶段少年儿童的学习，往往是情绪驱动注意，再由注意推动着学习”的规律相联系，显然，“动手实践、自主探索、合作交流”也好，“认真听讲、独立思考”也罢，都是指向有兴味的“玩”与“创造”的过程，而非结论的“知道”与“掌握”。有助于儿童的思考、探究与建构的方式，就是“适合”儿童数学学习的方式。

当然，学生的个性风格、能力特点的差异性，也是“适切”需考量的另一个维度。班级场域下的集体学习，一般性的学习流程下的方式，即便同一类别也有层次和路径的差异。比如同一教学环节中的“做数学”，根据个体能力差异，有独立的“做”，也有方法指导下的“做”，还有模仿再现式的“做”……根据学习风格的差异，观察者的“做”、实验者的

① 保罗·洛克哈特．一个数学家的叹息［M］．高翠霜，译．上海：上海社会科学院出版社，2019：30-38.

“做”和思考者的“做”，侧重依仗的具体方法、路径肯定不同。作为教师，需在多样化和丰富性中进行个别化的学习支持，方能“适切”。

三、来自学习动力系统的检视

“学习动力系统的运行机制，就是学习动机的产生机制。”根据杨开城教授提出的学习动力系统的运行机制（见下图），与前文架构的“理趣数学”学习机制相比照，可以发现学习动力也始终是“理趣数学”驱动学习从发生、发展到结果获得的重心所在。

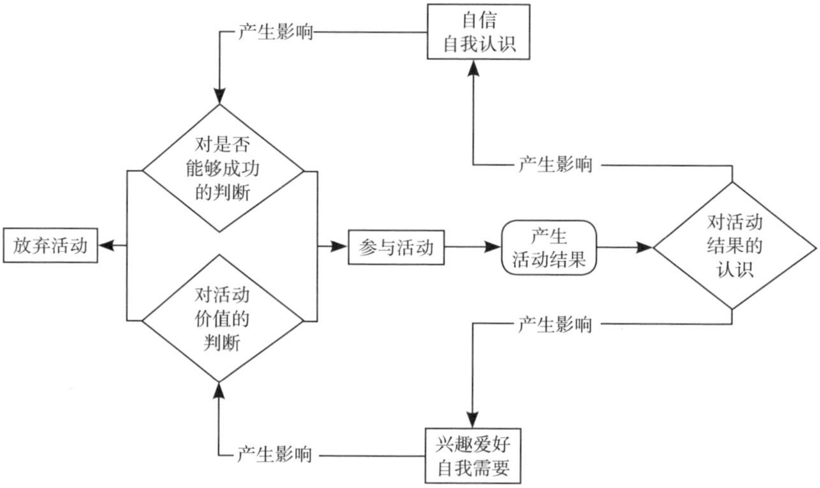

学习目标的自我明晰，一定暗含着学生对目标适切性、活动价值性的判断，萌发阶段对兴趣与动力重视，除了情绪、情感的关照，也一定包括了学生对学习活动以及结果的认知和期待。“对是否能够成功的判断”“对活动价值的判断”以及“对活动结果的认知”——这三个认识维度的“理性”判断，对学习情绪、情感和自我概念产生积极或消极的影响，这也是“理趣数学”学习机制中起到驱动或阻碍作用的发力点之一。

相应的，杨开城教授所构造的包含12个要素的学习动力设计模型（见下图），源自内部学习动机的“注意”（Attention）、“自信”（Confidence）、“满意”（Satisfaction），来自外部环境的“好伙伴”（Partner），客观存在的“利益”（Profit）和“结果”（Outcome），以及内外环境相互作用下体现在人际互动中的“尊重”（Esteem）、“权力”（Power）、“职责”（Responsibility）、“认可”（Certificate）和体现在主客体相互作用带来的“相关”（Relevance）、“代价”（Cost）[①]，弥散在学习活动中的各要素共同作用，形成完整的教学系统。从中亦可看出，影响学习动力持久性的因素，固然有学习者内在生发的兴趣与好奇，但特定的人际交往关系，其情感氛围和方式更有着极为丰富的影响维度，这也是教学关系构建中需关注的重点。

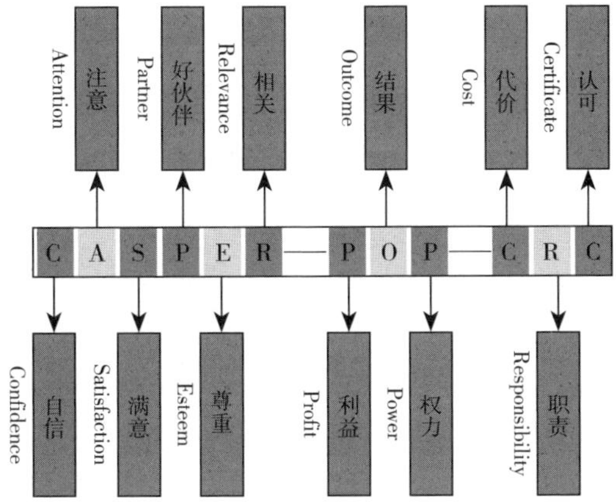

① 杨开城．以学习活动为中心的教学设计实训指南［M］．北京：电子工业出版社，2016：107-110.

第四章　理趣数学的教学范式

第一节　教学范式及基本环节

理趣数学立足儿童天性，遵循数学认知规律，重视积极情感的驱动与伴随，旨在促进数学学习的可持续生长和功能发挥。为此，形成下图基本的教学范式框架。

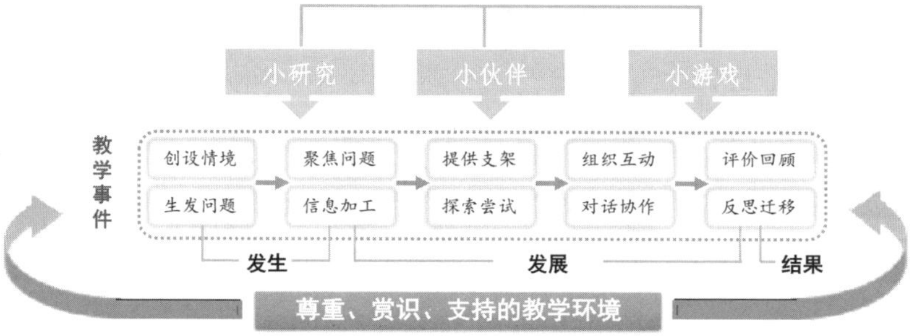

图 4-1　“理趣数学”教学范式

一、“三小”学习方式

小研究、小伙伴、小游戏为三种基本的数学学习方式。小研究学习始于对儿童天性的理解，因为儿童是天生的研究者；小伙伴学习着眼于儿童交往的需要，让儿童相互合作与激励，相互碰撞和启发；小游戏学习更是顺应童心，让学习伴随趣味性和创造性。

（一）小研究学习——基于儿童“好奇”的天性，让儿童成为研究者

小研究学习指儿童带着研究的视角和眼光，以一系列富含“研究”意蕴的小问题为抓手，进行自主探索和发现的学习活动。正如德国哲学家叔本华所言，“记录在纸上的思想就如同某人留在沙上的脚印，我们

也许能看到他走过的路径，但若想知道他在路上看见了什么东西，就必须用我们自己的眼睛”。小研究学习给儿童的就是一个用“自己的眼睛”观察和发现世界的机会，并借此让他们成为“探索者”“研究者”和“发现者”，进而在学习中敢于分享、乐于分享。小研究学习的落脚点在一个“学”字，以学为本、以研立学是小研究学习的基本特征，同时，小研究学习还要凸显一个“小”字，主张通过一些小问题、小练习、小调查、小实验、小猜想、小验证、小尝试、小发现等，把儿童的视野引向学习的大课堂，引向生活的大世界。根据课堂学习的不同实施阶段，将小研究学习分为三种进行设计，满足学生不同学习进程的需求。

1. 课前自主性小研究——低入、开放、有方法

课前自主性小研究，定位在学生的已有基础，不同于我们平常理解的预习，它的目的是组织儿童以研究的方式面对将学的内容，对学习内容整体感知，敞亮自己的想法，让学生带着对分享研究的期待与自信投入课堂学习。设计的问题既能覆盖所学的基本知识，同时又有充分的思维空间，答案是多元开放的，在小研究的完成上还要考虑便于学生操作，有一定的方法指导，为学生提供多种思考路径，便于学生舒展自己独特的个性。比如学习“用计算器计算”，课前小研究可以有两部分，一是让学生自己玩一玩计算器，提前熟悉；二是设计 4 道题［2940 ÷ 28+763=、589 × 798−5678=、40000−165 × 182=、25120 ÷（449−289）=］，让学生动手操作的同时，思考计算器计算时有无特殊的方法和使用功能键的技巧。正是有了学生课前充分的研究与活动，课堂才会发生“一朵云推动另一朵云，一棵树摇动另一棵树”的裂变效应。

2. 课堂协同性小研究——聚焦、提升、有强度

课堂协同性小研究定位在学生的最近发展区，在课堂学习的过程中由教师当堂抛出或因学生生发的问题而确定。学生进行现场的协同性研究，或独立思考，或伙伴商量，或教师点拨，从而深入课堂的学习。在内容设计上聚焦学习内容的核心价值，找到课堂研究的提升点，这样的

研究内容有合适的思维强度，能激发课堂的生成性思考，需要学生借助伙伴或老师的力量共同研究。例如学习“长方形面积计算”时，教师还没有教就已经有学生能说出用公式“长 × 宽”进行面积计算。算法会了算理未必明白，这时，教师需要给学生提供一个大长方形和若干个边长1厘米的小正方形，为学生认知结构中原有知识与新学方法和思想之间重新架设一道认知桥梁。学生想到了下图的方法：

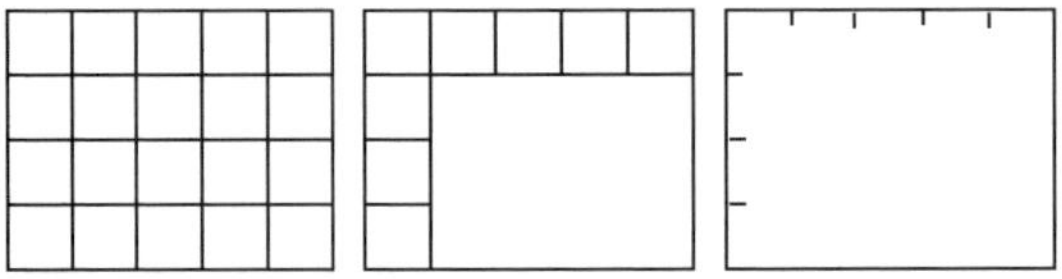

学生的方法给抽象的长方形面积计算公式搭了个直观的梯子，学生在操作中去经历、体验、感受、思考，慢慢理解计算的道理，逐步培养抽象的能力。在这个过程中，学生浅而不全的自然结构转化为准且完整的知识结构，随意、表面、感性的知识转变为深层、发展、理性的数学素养。

3. 课后拓展性小研究——延伸、探索、有思辨

课后拓展性小研究，定位在学生的可持续发展区，在课堂结束时由学生的新问题或教师的新任务而提出。它旨在用小研究的形式将学生的视角引向课外探索，做到课内外无缝对接，让学生在强大的思维诱惑力下继续沉浸在学习中。如学完“交换律”，可以引出“我们发现加法与乘法有交换律，那减法与除法没有交换律？”这样引导学生课后继续的研究，采用具体或概括的研究方法，都可让学生自主发现诸如“减法中的被减数与减数不能交换位置，但是几个减数是可以交换位置”的特点等。这样的课后延展式小研究，既可让学生主动地、富有个性地回顾、整理内容与方法，并将之迁移到新的应用和探究中，从而形成更完整、更稳定的认知结构，在进一步深化中收到“言已尽而意无穷”的效果。

（二）小伙伴学习——保护儿童“交往”的需求，让儿童成为合作者

小伙伴学习指儿童运用合作的思维和方法，以个体研学、小组互学、全班共学为平台，进行合作探索和发现的学习活动。小伙伴之间可以互相

对话、启迪、争辩、挑战，小伙伴学习让学生“互学互教”“边教边学”“教学相长”。教师要努力的就是促成学生之间的相互学习，以期实现“不教而教”。

1. 小伙伴学习组织的建设策略——灵活、多元、自由

小伙伴学习的组织不是一成不变的，不同于一般的四人小组学习，小伙伴的组成是灵活多样的，组合也是自由的。有以座位为区分的异质小组，也有基于任务或项目的临时组建的同质小组，还有临时两两搭配的帮扶小组等。

2. 小伙伴学习场域的创设策略——安全、多样、和谐

正襟危坐的被动聆听与教师追问下小心翼翼的回答，被小伙伴间的交流与展示取而代之，安全的伙伴学习场域，可以让学生体验到学习的轻松愉悦。学生有机会畅所欲言、补充质疑，人人做老师；主动接纳、乐于欣赏、掌声不断……教师特别注重学生对于他人回答问题的反馈表现，表扬会鼓掌的孩子，表扬会赞赏别人的孩子。和谐的学习场域让小伙伴们自信大方。

3. 小伙伴学习活动的指导策略——合作、倾听、表达

组内小伙伴合作学习阶段，教师要指导学习小组合理分工，各用所长，互学互教。教师指导学生学会听老师的交流要求，听小伙伴的发言，听出值得欣赏之处、有误之处、需要补充之处……倾听的训练是有层次的：先教学生学会有准备地听，保证听到；再教学生学会安静地听，保证听清；最后教学生学会思考地听，真正听懂；同时向学生渗透小伙伴之间交流的言语表达技巧，让活动在自由中见章法。

（三）小游戏学习——顺应儿童“玩耍”的天性，让儿童愉悦地学习

小游戏学习指儿童满怀游戏的精神和心态，用他们喜闻乐见的方式和活动，在一种开放的、轻松的、自然的状态下，进行趣味探索和发现的学习活动。小游戏学习有公平的规则，简洁与改变同在；小游戏学习也有适切的难度，机遇与实力并存。小游戏学习，让学习更加贴合儿童、

走进童心、洋溢童趣，是对小学学习本质意义上的回归。

1. 感知体验类游戏——渗透全面、情境真实

儿童对世界的认识，常常依靠感官经验。让儿童多看、多听、多体验现实的世界，甚至是幻想中的世界，都非常有助于儿童智慧的发展。课堂教学中的感知体验类游戏要注重对新学概念和知识的理解，要在真实的情境中加以体验，这既能让学生加深理解，又能获得生动难忘的学习经历。比如，学生认识了长方体、正方体、圆柱和球等立体图形后，让学生玩“说名称、摸形体”的游戏，学生从不透明的布袋里摸出相应图形的过程，就是丰富他们对图形特征感知的过程。

2. 巩固学习类游戏——及时诊断、有的放矢

皮亚杰认为，游戏作为一种不平衡的状态，其同化作用大于顺应作用，因此，可通过游戏去练习并巩固最新的技巧，进而达到熟练的程度。这一类游戏的设计需要对学生游戏的过程和结果进行诊断，将游戏过程中暴露出来的学习缺失用调整游戏规则、更新游戏内容的方法加以弥补，做到有的放矢。比如进行计算练习时，学生通过掷骰子算和（差或积）、比比谁是“神算小搭档”等游戏活动，就可在互动中达成技能熟练的目标。

3. 整合探究类游戏——综合提升、富有挑战

布鲁纳认为从游戏当中可以尝试许多新的行为及玩的方法，也就是说，游戏因增加儿童行为的自由度而助长了变通力，游戏提升了行为的弹性并增加了儿童行为的选择性。游戏通过提供探索不同可能性的机会并提供缓冲情境，以保护儿童避免在真实生活受到伤害。因此，游戏是探究经验可能发生的有效方法。比如在“抽数破谎”游戏中，教师通过《西游记》的主角孙悟空戳破猪八戒谎话的故事情节，借助玩魔术的手法，找到从按单、双数分为两摞的数卡中抽出的数，再让学生自行设计规则也能“抽数破谎”。这一故事统整下的魔术游戏，其教育性、观察力、思维力乃至于手部动作的灵活性，都得到充分的体现。

“理趣数学”意图探索更具儿童立场的数学学习方式，小研究、小

伙伴、小游戏这三种学习方式，既相对独立，又相互融合，呈现出一种开放的进行时态，从而也让各种学习方式的创生“皆有可能”。

二、“五步”教学环节

《一个孤独漫步者的遐想》的作者卢梭所表达的“老师应该不断向学生提供能够激发他们兴趣、好奇心、思考甚至能让他们激动的活动”深远影响了教育的走向，并在一个多世纪后得到心理实验的证明——儿童确实能够在行动中获得动力。在学习这个“意义炼制活动”中，当学习者超越了所“看到”的现象本身，产生了问题，“进入提问的步骤，他才会试图去理解”，于是，开始了学习。就在“体验（一个姿势）、检验（一个假设）、掂量（一个主意）”中，不仅仅习得，还有“试验”自己的想法、提出自己的设想后，“和现实对质”“与他人对质”。“对质”就是一个针对“现实”产生想法，并通过言语和文字等将自己的想法更严密地组织后进行表达的过程，也是一个与他人互动中充分“论辩”的过程。这一过程促进个体对“外在”（环境及他人）的理解，促进个体的自我修正和确定，从而“改变信息组织水平”，在各因素的联系中“建立网络”，“炼制”出新的组织模式。[①]

焦尔当聚焦“意义炼制活动”这一学习本质所做的阐述，若对之进行动态化的理解，就有了以上的脉络呈现。它与前文所构建的理趣数学学习机制的运行有了某种“天然的”暗合。进一步联系加涅关于学习的信息加工理论，若以“学习活动的发生与推进”过程为中心，则可形成一般性的“五步骤”教学活动过程（即图 4–1 中的“教学事件”部分）。

这是基于教学应聚焦学习活动的开展而定位的，如此，教学设计就是考虑将“学习活动系列化”的设计。学习活动是教学设计的基本单位[②]，一个完整的活动可大可小，包含着交往规则和分工这些重要成分。因此，“五步”教学活动过程，是一个学习任务或问题解决中的环节，每

①安德烈·焦尔当．学习的本质［M］．杭零，译．上海：华东师范大学出版社，2015：79–87.
②杨开城．以学习活动为中心的教学设计实训指南［M］．北京：电子工业出版社，2016：15.

一环节的教学事件，皆依据“学”的生发而确定教学的相应策略与内容。

数学学习活动作为“达到特定学习目标而进行的一系列组织化的师生行为”①，其发生与发展过程大致有：

步骤一：创设情境，生发问题

“思维通常总是开始于疑问或者问题，开始于惊奇或者质疑，开始于矛盾。”（鲁宾斯坦）学习的发端起于问题的产生，但“如果不把学生的经验引入到事先并不熟悉的领域，就不会有问题产生”，这“事先不熟悉的领域”就是情境创设的核心。创设怎样的情境，能让学生因“不熟悉”而好奇、疑惑、生问？甚至于，也许是曾经“熟悉”的，只是用数学的眼光再次去审视时，竟然发现其中有并不“熟悉”之处，自然，问题就产生了。

必须强调的是，情境不是学习的背景或氛围，它就是认知的重要组成部分。情境包括了引发问题的背景（任务），也内隐着学习的目标。如此，引发问题的那些背景或任务是否具有新奇意味？是否真实可感且有用？是否能让所有的学习者都从中确定探究的方向、奔着共同的疑问之解而去？这些都是情境创设时需要考虑的重点。

步骤二：聚焦问题，信息加工

一个足够引发问题的情境，必然是开放的。其开放性也决定了这一情境中生发的问题往往是多维度多层次的，必然也有一些“无价值”的甚至于“无法回答”的问题的存在。关键是在纷繁的“问题丛”中如何甄别、筛选出真正有启发性、生长性且契合当前学习目标的问题。

从数学知识体系的角度看，具有启发性的问题必然是紧扣知识结构关键节点上的问题；从学习策略的角度看，具有生长性的问题一定涉及核心概念或大观点的思维方式；而具体到每一个学习单元看，则一定是几者兼顾中遴选出的最近发展区的核心话题。核心问题与任务确定后，如何能够让学生“识别有意义的信息模式”“为提取与任务有关的知识

①杨开城．以学习活动为中心的教学设计实训指南［M］．北京：电子工业出版社，2016：7.

提供启动条件”[1]？对问题及相关信息的编码、解析、分类、整合、变换乃至赋予意义是这一环节的重要任务。

步骤三：提供支架，尝试探索

正如爱因斯坦在《观点和想法》中所言：“最重要的教育方法……总是包括这一方面，即鼓励学生去实际行动。”动手操作、实验探究、推理建模等是证明猜想是否正确、探索问题如何破解的必由之路。小学阶段尝试探索的过程，大多有着具体的感知过程，但感知只是“路径”，其“表”下的思考过程才是重点。因此，提供的学习支架不能止步于操作步骤、程序，探索过程中的思考角度和策略方法是最具迁移性的，也理应成为教学支架设计的重点。

当然，“学习是原有经验的迁移”[2]，我们在提供支架时，还需要仔细辨析学生“原有的经验”可能产生的影响，是导向正迁移还是可能存在着负迁移的后果？对于那些可能导致“误解信息”的先前经验和知识基础，正是以支架去破解的关键。毕竟，“支架式教学的特点就是按照‘有观众的地方，必有参与者’的格言行事的”（布鲁纳，1983）。

步骤四：组织互动，对话协作

维果斯基的重要观点——个体的认知和发展是通过与他人的社会交往和合作实现的，因直击人性，可以说就是一个“永恒”的真理。学生与教师、同伴的关系及互动影响着彼此的学习过程。课堂中的互动从上课伊始就存在，可以说是伴随着整个学习活动过程的。此处组织的互动，强调的是尝试探索（可能是独自进行也可能是合作）或个体独立思考后进行的以交流为主要方式的互动。这种交流固然是一种信息交汇与交换，但“汇聚”不是目的，重要的是表达与理解中的彼此认同、互相启发或质疑后的新思考。

① 约翰·D·布兰斯福特，等．人是如何学习的Ⅰ：大脑、心理、经验及学校［M］．程可拉，孙亚玲，王旭卿，译．上海：华东师范大学出版社，2013：43.

② 约翰·D·布兰斯福特，等．人是如何学习的Ⅰ：大脑、心理、经验及学校［M］．程可拉，孙亚玲，王旭卿，译．上海：华东师范大学出版社，2013：60.

在这个环节中，学生可能获得问题的解决，其方案也许并不唯一，过程也许并不顺畅，但一定是在各方观点、建议的修改、优化与认可中进行的。学生也可能生发出新的问题，开始新的挑战。新任务可能是因为前期探究的失败而催生的，也可能是因已解决的问题而产生的新疑惑、新探索。如果是前者，就意味着这个学习活动单元的“回环”推进，即聚焦新问题的尝试探索。它是这个学习活动初始任务的一部分，甚至就是初始任务和问题本身，只不过是另辟蹊径后的重新出发而已。

步骤五：评价回顾，反思迁移

形成性评价与反思是形成认知结构、提高元认知能力的重要一环。即时评价与反馈既有利于帮助学生确认自己是否了解、掌握相关学习内容并纳入已有的认知结构，也能帮助学生识别自己的当前水平与期望水平之间的鸿沟，并在识别后缩小这一鸿沟，更能帮助学生提高对行动的自我监控和调节，发展学生的自我评价技能及策略，提升学习迁移的能力。

有研究表明，“聚焦于任务和学习目标”的“具体的、叙述性的”“支持性的”“与学习者进展一致的”且让学习者“乐于接受”的评价与反馈是最为有效的[①]，将评价聚焦学生学习进阶的过程，紧扣理解（而非记忆与掌握）与“学生如何学习的证据相连接”“提供反馈和回溯的机会”，是形成性评价的核心。需要特别说明的是，评价与反馈是贯穿整个学习过程的，只是在学习成果表达阶段更为频繁和多维。

“设计是教育的天然属性”，以上五个“步骤”与其说是特定的操作流程，不如说只是五个隐含合理性的关键操作，它与教学内容的组合应该是“自由”的，视教学需要而灵活组合。有的教学内容也许直接以问题引入，有的教学内容也许是三四个部分揉在一起同步推进的，有的教学内容是按几个关键步骤从“发生”到“发展”到获得“结果”的线性推进，有的教学内容则在“发展”过程因“证伪”或新疑惑产生“新问题”

①克拉·巴格利·巴雷特，等．人是如何学习的Ⅱ：学习者、境脉与文化［M］．裴新宁，王美，郑太年，译．上海：华东师范大学出版社，2021：155.

而再探究，形成回环甚至于几轮循环反复的过程。

三、尊重、赏识、支持的教学环境

（一）教学环境之要义

“儿童所展示的能力是由环境经验和关心他们的个体塑造的。”[①] 而“所有的教学都以交往的形态存在，没有不以交往而存在的教学，不呈现交往状态，或不发生真正交往，就不是教学。”[②] 此处所指的教学环境，是于课堂教学过程中，影响教学并通过教学影响人的各种物理的和心理因素的综合。[③] 它是有场域的，即课堂，它更是在人与人、人与环境的交互中产生作用的。所以，它是一种实体的存在，更是一种关系存在和过程存在，师生因教学交往而形成的人际关系和氛围是教学环境的根本所在。理趣数学的价值追求，决定了教学环境中人与人的关系是一种主体间性的存在，师生之间是民主平等的，是以主体间的精神交流为核心的沟通与对话，是平等尊重、相互理解、相互促进、共同成长的教学共同体。

（二）理趣数学理念下的教学环境

如此，理趣数学理念下的课堂，必然是尊重人格，相信潜能，放飞童心，健康、安全、快乐的课堂；必然是强调“每一个你，都很重要”“每一个时刻，你都很重要”，努力创设竞争与合作同在的赏识环境的课堂；必然是积极培育会倾听、会思考、会表达、会合作的学习者，支持学生在研究中探索，促进其“可能性”发展的课堂。基于此，理趣数学教学范式需努力营造出尊重、赏识、支持的课堂学习环境。

尊重是基于教育伦理道德定位而提出的。教师对学生的爱，是道德的师爱，其底线是平等。强调师生之间关系平等，把学生看作是具有平等人格的人，尊重他们的思想、兴趣和意愿；强调所有学生间的平等，公平地对待每一个学生，尊重他们之间的差异，因材施教，以“一视同仁”

①约翰·D·布兰斯福特，等．人是如何学习的Ⅰ：大脑、心理、经验及学校［M］．程可拉，孙亚玲，王旭卿，译．上海：华东师范大学出版社，2013：100.

②张广君．本体论视野中的教学与交往［J］．教育研究，2000，8：54-59.

③杨雪．生态哲学视域下课堂教学环境的内涵［J］．教学与管理.2012，3：6-9.

的爱关怀“每一个”并提供适切的帮助。教师对学生的爱，是民主的师爱，宽容是其应有的样态。尊重学生成长的不平衡、不稳定，允许学生出错，理解学生的错误，鼓励学生从错误中积累经验并获得成长。民主的师爱还意味着对学生学习主体的尊重，让学生以发现者、探索者的姿态勤于思考、敢于质疑，在不断地发现问题、探索求解的过程中获得知识、能力、素养、经验等的全面发展。

赏识是基于教育情感及其价值而提出的。源于中华民族传统文化所强调的亲族关系而形成的师生关系，强调信任与使命，强调牢固而持久的亲密关系，老师对学生要“幼吾幼以及人之幼”，学生因“亲其师”而“信其道”，学生对老师是“一日为师终身为父”，彼此之间是一种真诚的情感关系。联系心理学研究所表明的情感对学习发挥的“动力泵”的作用，显然，微观视角下，课堂上师生间的情感应是着眼于学生成长的深刻性和持久性而走进彼此心灵的爱，是以教师的欣赏、鼓励、期待等积极情感的表达而形成的，学生的积极性和创造性就是在这轻松而激扬的教学氛围中获得发展。

支持是基于教育目标及规律的科学性而提出的。促进学习成长的教学环境，必然是遵循学生的身心发展及认知规律，理解儿童，以儿童的方式、儿童的认知路径而生长；必然是吸引儿童的，懂得儿童的好奇心由何而激发；必然是理解儿童的差异性，懂得“个性发展是全面发展的动力”并有匹配的因材施教举措；必然是懂得教育的科学方式，注重对话与交往，以伙伴学习“通过集体进行教育”，注重策略与方法，让学生在自主体悟中“学会学习”，从而实现全面而富有个性的成长。

（三）尊重、赏识、支持的具体标准

指向理解学生、因材施教、激发动力、鼓励多维互动、支持学力提升等的“尊重、赏识、支持”的教学环境，教师这一“平等的首席”的教学行为和课堂氛围的营造是主导，据此思考“教”的设计与行为，可具体化为以下标准（包括且不限于）：

（1）对学生和蔼可亲，能让学生感受到师生平等。

（2）对学生一视同仁，不同程度的学生都能获得关注。

（3）包容学生的错误，并能有效引导。

（4）接纳并鼓励学生自由思考与表达。

（5）营造轻松活泼且具吸引力的教学氛围。

（6）因材施教，能根据学生个性特点给予适当的帮助。

（7）用心倾听，与学生真诚交流，且引导学生之间的彼此倾听。

（8）放手让学生先思先试，欣赏学生独特的思考与发现。

（9）发现学生的闪光点，并及时给予肯定。

（10）教会学生欣赏同伴的想法及行为。

（11）聚焦核心概念、关键问题，设计小研究学习任务，引导学生探索发现。

（12）有效运用小伙伴学习方式，且给予适当的帮助和指导。

（13）精讲精练，善于通过变式教学促进学生的知识建构和深度理解。

（14）能以恰当手段让学生感受到数学的魅力。

（15）提供多元的学习资源和适度开放的学习空间，实现差异化学习及发展。

（16）注重问题意识的培养，适时渗透学习方法，鼓励并促进学生在自主学习中体悟数学，进行观察、思考与表达。

（17）学习场所、设备资源满足健康舒适的要求，能为多维互动与交往、及时反馈与展示提供充分条件。

（18）鼓励并引导学生自我反思、完善与提升。

努力营造尊重、赏识、支持的教学环境，促进儿童智慧与精神的和谐共生，促进儿童自主、自然、自由地生长。

第二节 教学设计及实施

当数学“经历”从静态走向动态、从确定走向变化、从精确走向易谬的认识过程，从某种程度而言，数学就不再是一成不变的真理的集合与化身，它更像是一个不断发展、进化与更新的“生命体”。认知过程中的数学，岂能一步到位地精准建构？其模糊性、直觉性是我们必须接纳的。儿童的数学认知发展本就是一个螺旋上升的渐进过程，从模糊走向清晰、从混沌走向有序本就是儿童数学发展曲折的光辉之路。尊重模糊性的存在，并非等同于一片混沌，在弹性发展空间中，教师如何帮助学生在数学学习之路上方向始终正确、步伐虽有凌乱但步履依然稳健？显然，教学的设计及实施是需要一些厘清认识后的准则和需要把握的基本策略。

一、教学设计及实施原则

（一）意愿第一

正如弗兰克·莱曼（Frank Lyman，1992）所比喻的“教育应该是一种痒的状态，而不是挠的动作”，考虑学习兴趣和动机的教学活动，我们需从新颖、神秘、奇异、有违常识、与经验相悖等角度思考情境的创设和内容的呈现，进而引发好奇和探究。

“在某一学科领域建立兴趣的最好方法是让它值得学习，这意味着使所学知识在人们的思维中起作用，而不仅仅在学习发生的情况下。”（布鲁纳，1960）符合学生年龄特征、让学生感兴趣的任务固然是要考虑的，因为它会引发学生的关注和好奇。但从学习的本质和可持续性的角度出发，让学生产生内在学习动力的教学设计和活动，又不能仅仅停留在形式新奇、直观鲜活等表象层面。因为，能够激发智力兴趣的是那些“挑战学生智慧的问题、情境与故事”，是那些“异常、奇怪的事实，有悖常理的事件或想法以及迎合本能的神秘事件”引发的“思维激荡”，是那些遭遇情感、障碍和问题带来的“震撼体验”，是那些与“个人建立连接”的主题，以及对一个问题从不同角度进行思考而“推动学生走出自己的舒适区，激发好奇心和更深层次的思考”。因此，“围绕激励性问题和挑战性问题组织教学，是促进学生持续参与的有效方法”①。

（二）思考为本

“数学的本质是思维”，数学教学活动的开展都应紧紧围绕数学思考的引发和推进，数学思维的发展是数学教学活动的目的。同时，我们也应清晰地认识到数学思考的生发也是有“路”可循的。从清晰的目标——注意是自主澄清的学习目标和任务，到明确的学习路径——观察比较、分类概括、猜想验证等，都是遵循数学的思考方式，在学习中体悟分类、化归、一一对应、数形结合、归纳演绎等数学思想。包括每一个阶段的反思与评价，它指向元认知能力发展的过程，所依据的内核依然是对数学思考的自我明确、引导、监控与评估。

（三）“少”即“多”

任何复杂结构中的学习内容必然同时涉及知识技能、情感态度、思维方式和习惯等各个维度的教育目标，但每周4—5课时的数学课堂学习时间是固定的，“饱满”的学习目标如何在有限的学习时间中达成？显然，具体落实到每个单元的学习内容，需要确定合理的任务及问题数量，通过具有“焦点”“锚点”意义的关键问题与任务追求事半功倍的效果。这就是格兰特·威金斯（Grant Wiggins）和杰伊·麦克泰格（Jay McTighe）所说的“基本问题”。基本问题是关乎“连接所有离散事实和技能并给它们带来意义的大概念”②，激发思考和探究，也能激励更多问题的产生并充满迁移的可能性的问题，它是具有启发性、促人深省的问题，它能“引出有趣的和可选择的其他观点”，能让我们在论证各自的想法中聚焦推理过程而非只是结果，能让我们将已学知识经验与当前内容之间形成意义的连接，促进对内容的深度理解，纳入认知结构并促进迁移。当然，

① 格兰特·威金斯，杰伊·麦克泰格．追求理解的教学设计［M］．闫寒冰，宋雪莲，赖平，译．上海：华东师范大学出版社，2017：225-232.

② 格兰特·威金斯，杰伊·麦克泰格．追求理解的教学设计［M］．闫寒冰，宋雪莲，赖平，译．上海：华东师范大学出版社，2017：119.

与甄选基本问题所呼应的还有数学知识的精讲精练、数学技能少量多频次的操练以及聚焦内涵的变式练习等。

（四）因材施教

承认每一个“具体的人”的独特性，就意味着需尊重每一名学生知识水平、学习风格、能力特点等各个方面的差异，基于对“这一个”班级中学生的了解以及他们之间的差异，采取适切的教学策略和方法，提供多样化的学习工具和学习方式的支持，满足个性化的学习需求，从而获得期待的教学结果。

一般而言，因材施教需在教学内容、评估工具、表现性学习任务以及教学策略上提供多样化的支持。有挑战的学习内容是否能根据学生的差异提供分层的学习材料和不同的形式或类型以供学生选择？覆盖学习全过程的正式或非正式的形成性评估，是否实现了个别化的干预和支持？是否给学生提供了各种不同的展示机会，促进互相“介入”中自我理解的深入？在讲授教学法、建构助学法、个别指导法等教学形式中，是否根据教学内容、学生学情以及教学目标的确定而灵活选择与组合？从而在兼顾班级群体特征及“每一个”的个性特点中，将普适通用与“量身定制”结合运用于学习任务、策略、路径等各个方面，实现促进“每一个”活泼泼生长。

二、教学设计及实施标准

依据理趣数学的理念以及数学课程设计和实施的经验，参考国内外同行的观点和做法（比如《追求理解的教学设计》中所提到的“教学计划中的 WHERETO 要素”和“最佳设计特点”等），笔者提炼出以下 10 条理趣数学教学设计与实施的标准：

（1）挑战性：基于真实和明确的挑战，是所有学生都可投入展开探索的，能让学生拥有充分的探究体验过程并有一定的表现机会。

（2）操作性：无论是操作探究还是操练，动手操作是必不可少的，它是数学理解与探究过程中积累经验的重要路径。

（3）趣味性：生动活泼、新颖有趣的形式，出其不意、引发冲突的想法和问题，是表里兼具引发并维持学习兴趣的关键。

（4）清晰性：注重信息传递及理解的准确性，注重认知过程中的“首因效应”，注重借助变式帮助学生形成清晰的数学理解及认知建构。

（5）简洁性：把握数学思想方法的抽象概括与演绎推理，注重借助符号、模型、数据等进行凝练地数学观察、思考与表达。

（6）应用性：与真实世界紧密连接，从现实生活中发现问题，将数学知识与方法应用于现实问题的解决中，重视“数学有用”的价值体悟。

（7）反思性：注重即时的学习反馈与交流，提供充分的重新思考和再探索的机会与时间，促进自我反思与调整。

（8）开放性：基于对学生个性的理解，在学习任务、学习方法、学习路径及学习成果等方面提供足够开放的自主探究与表达的机会。

（9）多样性：基于学习风格及智能的差异，给学生提供多样的学习工具及方法，充分借助伙伴学习，通过多维度支持实现个性化发展。

（10）安全性：注重倾听和理解，珍视学习中错误的价值，营造有安全感的学习环境。

第五章　理趣数学的评价模式

第一节　评价功能及价值厘清

“评价为了什么”往往决定了“评价是什么”的模样，为了区分“三六九等”的评价，必然是冰冷的标尺的存在，“第几”的结果给大多数人带来的是深深的挫败和无奈；而为了“应有的样子”的评价，则如一个模具，“应达成的水平”造就了千人一面后的生机流失。理趣理念下的数学教学，指向的是成长本身，其评价也应该是考虑如何更好地激扬与促进成长。如此，它必然是关注过程与品质的，必然是全面多维且丰满的，必然是聚焦能力和素养的。①

“为了儿童的当下和未来”，表明了儿童立场是教育应有的立场，也是评价应有的立场。具体来说，“为了儿童的当下”，就要让儿童的学习生活是自主、自然、自由地蓬勃生长，是充满童真、童趣的生命勃发。“着眼儿童的未来”，就要立足于健康活泼、富有个性、全面发展的培养目标，关注儿童学习中的能力素养和必备品格的涵育。如此定位下，理趣数学的评价应具以下功能：

一、是成长印迹，温暖儿童一生的礼物

认识童心的价值，意味着要理解童心、保护童心，把儿童当作儿童，尊重儿童的认知方式、表达方式、行为方式，呵护儿童的本真，从儿童视角看教育教学乃至儿童自身的生长。也就意味着对于成长中的儿童来说，

---

①余颖，王菊．“爱的评价”：为了儿童的当下和未来［J］．中小学管理，2019，8：52-54.

评价就是记录他（她）童年成长过程的珍贵印迹。

评价，是儿童精神成长的印迹，无论是奇思异想的问题提出与尝试解决，还是学习任务驱动下的自主表达和个性化展现，又或是数学游戏及探究活动中策略方法的运用和记录，以及伙伴学习中的互相交流与评价，都是学生思维的留痕和精神成长的印迹，也是支撑未来发展的阶梯。

数学学习过程中的小研究成果等形成性评价，详细记录着学生借助已有知识经验解决某个新问题或创造新事物的推展过程，线上平台中的展现还能同时留下同伴间的交流与质疑的内容，记录下师生、生生互动和共学的过程，使得量化数据和质性分析相结合的全面评价成为可能，也让学生的表现、能力与特点得以在留痕中获得持续深入地挖掘与评估。

二、是行为聚焦，引导儿童的全面发展

为了儿童的教育，是既放眼儿童的未来又考虑儿童当下的教育，是把儿童的身心健康成长放在首位的教育。如此，决定了儿童当下生活质量和支持未来持续发展的学习状态、学习与生活习惯等理应是我们关注的重点。

课堂学习表现和行为，作为“可视化的学习品质”，如果能够成为对个体进行学习评价的内容之一，则会发挥引导儿童行为改善、促进良好学习习惯养成并进而提升学习品质的功能。由此延展到对儿童作业表现、时间规划、运动阅读、与人交往等方方面面的过程留痕和反馈评价，就可以实现对儿童学习质量、自我管理、意志品质和精神生命全面地关怀和引导。同时，所有聚焦日常学习生活表现的评价记录，因其精细化、个性化和即时性，数据反馈就能让教师及时、全面地了解学生的课业负担和各个时空中的学习表现，从而改进自己的教学或对学生进行个别化的帮助；也能引导家长关注过程、关注学习行为和表现，精准施力，形成家校合力，共同引导学生的健康成长；还能让学校管理层及时根据数据的变化聚焦普遍问题和关键现象，研制改进策略，将引导学生行为习惯的养成、道德品质的提升过程变得更有抓手、更为及时和长效。

三、是持续提升，发展儿童的能力素养

尊重人的差异性的天然存在，就意味着我们必须承认教育是后天的引导与改善，对教育质量的评价就不应以静态思维按成绩来衡量，而应更多地聚焦学生的增量成就看成长。承认教育是“着眼人的一生的教育”，就意味着我们需关注当下的教育对支持儿童一生发展的核心力量——能力素养的涵育是否有促进？促进有多少？

那么，支持儿童一生发展的能力结构是怎样的？哪些认知能力和情感能力发挥了关键性的作用？依据神经科学的研究成果，诸如工作记忆、认知灵活性、计划与决策能力等关键性预测指标的发展分析，是对我们的教育教学是否真正促进了能力发展的证据。当一个班级、年级的学生在一个阶段内增幅明显时，去追溯关键变量——班级环境及教师的举措与改变，就能更好地引导教师从科学的视角看待自己的教育教学行为，从而选择那些促进学生能力发展的、摒弃那些“好心办了坏事”的教育方式。

同时，依据课程标准厘清学科核心素养，聚焦能反映学科素养的关键指标设计评价量具和方式，诸如语言理解与表达、数理逻辑与分析、身体运动与协调、创意想象与表达、合作交流与协同等，据此作为评价的维度设计评价任务及活动，是探索增值评价、健全综合评价的焦点，也是为儿童一生发展续航的关键所在。

涵盖关键能力、学业水平、学习习惯、生活习惯等多方面的评价，描摹成长印迹，引导行为改进，促进能力发展，力图从评价主体到评价过程涵盖学生成长的方方面面，以表现性评价为主的多元评价方式为手段，尊重儿童生长的原初性和本然性，让每一个儿童的不同闪光点被“看见”，获得激励并成为可能。

如此，指向激扬的评价，因在评价中了解、体悟、感受儿童，激励儿童，通过评价关注增值，促进改善，促使儿童不断地确立自我认知和建构自信，能够用完整的思考方式、积极的行动状态实现自我进步。让每一个儿童

积蓄充足的成长动力。立体观照，润泽心灵。

第二节 评价工具及实施方式

关注儿童的当下和未来，需要构建既匹配理趣数学育人理念又符合时代发展要求的评价体系，真实学习场景中的评价，需要现代信息技术的融入，将“尊重儿童生长规律、以多种方式描摹儿童生长、鼓励儿童彰显生长的独特性、深化教师和儿童之间的交流”落到实处。实现以评价激活、张扬童心，呵护、鼓励儿童天生的好奇心和想象力，激发潜力，促进改善，支持学生自主、自然、自由地生长。如此，评价工具是将以上“丰满的理想”变成现实的关键。

一、时时相伴：过程性即时评价

过程即时评价是学习活动中对学生的表现及时做出评价，把着眼点集中于学生学习的整个过程，多维度地对学生的学习进行即时评价，从而树立学生的学习自信心，使学生获得知识、形成技能、发展思维、学会学习，促使学生在教师的指导下生动活泼地、主动地、富有个性地成长。

（一）人工智能视野下的“真实课堂”

采用传感设备和人工智能以及物联网技术等，在不影响教育活动的前提下即时采集数据，使采集到的数据更具连续性和微观价值，立足真实，以评价推动教师对学生的关怀和对课堂的管理。

以一节数学课为例，借助人工智能的面部表情识别技术，捕捉学生的人脸图像情感特征，识别孩子的课堂情感状态，使教师可以清晰了解学生对于教学内容的喜好和接受程度，以及学生在小组合作过程中的交往情况。借助肢体语言抓捕技术，关注学生的课堂专注情况，教师既能针对群体学生的专注情况对教学环节进行反思与重构，也能借助技术定位到专注力不足的学生个体，从而更有针对性地管理学生的听课状况。（见下图示意）

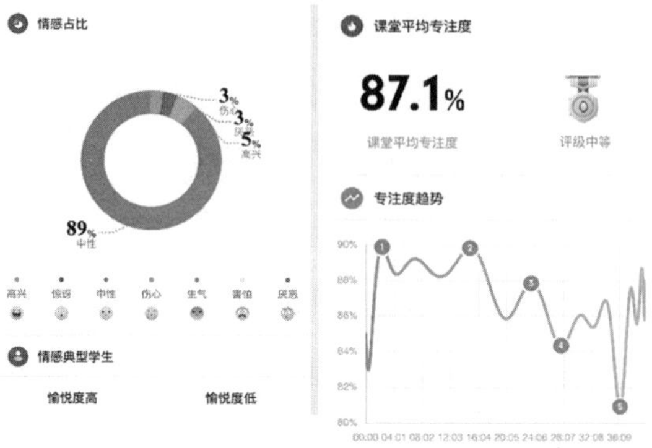

这些高度个性化的客观数据可让教师从另一个客观视角了解学生课堂学习和合作交往情况，支持教师及时调整教学进度和教学策略，促进教师进行更客观的教学反思。教师有效的弥补性措施和预判性分析为学生提供了更适切的学习方式，以实现学生的愉悦生长。（见下组图示意）

课堂活跃度

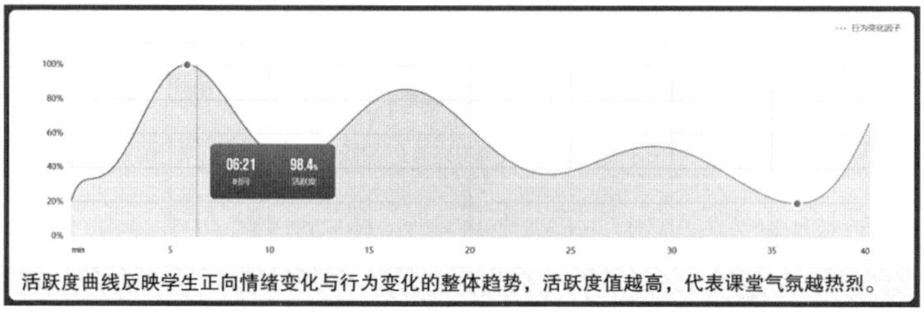

授课模式占比

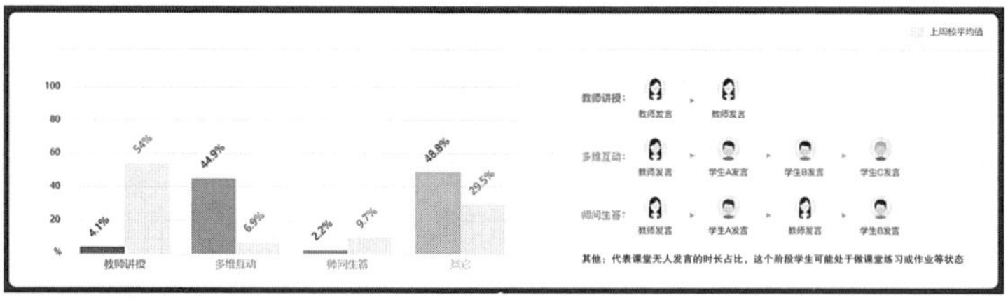

当然，需要认识到的是，人工智能尚在发展之路上，对微表情与肢体动作和语言的识别与分析技术，依然处于不断完善的过程中，靠教师这一关键人“此时此景此人”的现场分析依然是主要渠道。只不过我们要充分认识到现代技术可以带来的帮助，在主动获取中寻找更全面的支持。

（二）学习伙伴视野下的学习表现与行为

这里的学习伙伴包括学习场景中所有的人——教师、学生以及其他人。通过对学生学习行为和表现的评价和记录，形成全方位、全过程参与的育人活动，以促进学生的学习改善与成长。

1. 课堂学习表现性评价

借助课堂评价系统，对学生的常规表现进行及时的、有针对性的评价。评价内容可以根据学科和年段特点来确定。以三年级数学课为例，教师可以根据本年段学生的年龄特点和常规要求设置“会倾听”“会思考”“会表达”“善提问”“善合作”“勤发言”等点赞项目，以及“注意倾听”“遵守纪律”“学会合作”等提醒项目。在课堂教学的过程中教师可以通过手机端和电脑端两个端口实时点选学生进行评价，也可以由学生互相评价后在系统里记录。（见下图）

2. 自我管理与评价

从课堂学习表现、质量到书面作业、实践类作业、阅读、运动与睡眠等时间的自主打卡，将这些评价的主动权交给学生。学生以自己的学习表现和时间管理的评价为切入口，将学习中的自我效能和自律自省意识与能力的提升落到每日的点滴之中。与之相应的评价平台既有线上的，也有线下的。除了微信企业号中相应的模块，校园场景内的评价渠道还有：每个教室外墙上每人一格 A4 纸大小的“北小娃风采秀”的展示区所展现的纸面上的学习成果、教室内“思考墙”上的精彩问题、“解答区”问题解决方案或思路的自主回应，以及“成果区”立体呈现的作品、电子班牌滚动播放的学习成果与评价……

（三）系统的学科素养活动评价

数学学科素养评价，包括了分布于日常的专项素养活动和学期综合性的“乐评嘉年华”以及项目化学习等。每学期各年级根据课程标准的学段要求设计 4 个左右的学科素养活动，在活动中以评促提升。为此，聚焦学科素养的过程性评价，在突破传统单一的“量化”评价的基础上，增加更多“质性”评价的内容。除了衡量“知识能力”维度的达成情况，还可以用“评语”的方式质性描述“过程方法”和“情感态度”维度的达成情况。下面两幅图呈现的是曾经在学期中进行的一次“实践与综合”能力测评的评价内容与标准。

测查任务：“神算巧答”（10分）
测查目的：考察学生多种方法正确进行口算的能力。
活动材料：小棒、计数器。
活动规则：
1. 完成时间：3 分钟
2. 任务描述：
掷骰子，选出一组算式，说说你是怎么算的，可以摆小棒或拨计数器再说一说。
评分规则：

	评分标准	学生得分	备注
任务一	计算正确，能说出两种以上口算方法的得 10 分		
	计算正确，只能说出一种口算方法的得 5 分		
	说不出来或计算错误不得分		

测查任务：“百变图形”（10分）
测查目的：初步认识正方形的特征，能用多种方法做出正方形，培养初步的空间观念。
活动材料：长方形白纸一张，小棒 4 根长 4 根短，三组大小不一样的三角形及一个多余的三角形。
活动规则：
1. 完成时间：5 分钟
2. 任务描述：根据给定的材料尽可能快且用不同方法做一个正方形。
评分规则：

	评分标准	学生得分	备注
任务一	在规定时间内，能用三种方法做出正方形的，得 10 分 在规定时间内，能用两种方法做出正方形的，得 5 分		
	在规定时间内，能用一种方法做出正方形的，得 3 分		
	在规定时间内，做不出来的，得 0 分		

苏教国标版小学数学一年级(下)期中实践探索评分表

姓名：＿＿＿＿　班级：＿＿＿＿　学号：＿＿＿＿

项目	得☆情况		总得☆数
神算巧答	加法		
	减法		
百变图形	搭		
	折		
	拼		

孩子如有亮点，请您在相应的位置打“√”。
反应迅速□　语言完整□　操作有序□　方法多样□　善于交流□
如果还有其他亮点，请您简单说明：＿＿＿＿＿＿＿＿

这样的数学素养评价，既关注学生数学学习的结果，也关注学生数学学习的过程，更关注学生数学学习的潜能，最重要的目的在于促进学生在数学学习上的可持续发展。因此在考查学生掌握基础知识、基本技能的同时，更关注学生在数学的基本思想方法和基本活动经验的形成上有所获得与发展。因此，此次一年级的“实践探索”测试，不仅仅考查学生在计算与图形两大板块的技能，还考查学生是否形成了良好的听、说、读、写、想的习惯，从关注学生“学会”到“会学”再到“尚学”。

在传统单一的“量化”评价的基础上，增加“质性”评价的内容。教师不但重视学生解题结果的呈现，更加重视对学生在解题过程中思维含量的考量与情感态度的评析，将激励、诊断和改进等多种功能融为一体。关注评价的诊断性，更关注评价的激励性、改进性，亦对学生点滴的进步、创新的火花、独特想法的灵光一现等，给予适时、适度的激励性评价。

与此同时，这样的测评也对教师的教学过程给予了观照。比如此次测评结果中发现，学生对动手折正方形这个内容掌握的不是很好，说明了课堂教学中对于正方形的邻边研究比较欠缺，动手操作存在一定的问题，这就为教师的课堂教学改进提供了理据与指导①。

微信企业号的“班级圈”“校园圈”满足过程性的资料上传及互相点评功能，与选课和可量化的评价系统相组合，能满足每一次素养活动和项目化学习的过程留痕。实现全面评价学生在各级各类项目活动中解决某个新问题或创造新事物的能力，以及实践、问题解决、交流合作和批判性思考等多种复杂能力的发展状况。

多个线上、线下评价平台，将课堂学习过程、学科素养与项目学习、特色主题研究、社会实践活动，以及阅读、运动等各项时间管理打卡等全面覆盖，记录儿童的真实足迹、过程性思考以及作品成果，在师生家长陪伴式评价与指导中，实现师生、家校的多维互动，为促进改善提供

---

①张岚，余颖.深度学习提升素养：小学数学课堂实践应对[J].小学教学（数学版）.2020，9：20-22.

了完整的数据“底座”。

二、他山之石：能力发展评价

借助脑科学的研究成果，对认知能力、合作能力、创新能力等学生的关键能力进行多层次的综合评价。借助大数据，把学生的能力模型和学习档案建立联系，引导教师和学生尊重差异，因材施教，让每一位学生个性地、活泼泼地成长。

以认知能力为例，聚焦学生认知功能的评估分析，主要涉及个体的注意力、抑制控制、工作记忆、认知灵活性、计划与决策，以及言语流畅性等认知功能。这些能力是个体未来学业和生涯发展的关键预测指标。指向班级群体的测评结果可让教师更清楚地认识到学生群体的优势和不足，让教师的教学更加有的放矢，也为教研组更有效地提升学生的全面素养提供了依据。阶段性的跟踪测评，为纵向比较看认知功能的增值幅度、横向比较看认知功能与学业水平的匹配度提供了可能，对那些增幅明显的班级和课堂的追溯，可“倒逼”出究竟发生了什么造成明显的增值。基于实证的数据变化，为教育教学的改进提供了科学视角。

三、促进改善：定期数据反馈

收集到的过程性数据不仅可以在活动过程中从不同维度进行评价，还能迅速整合形成个人阶段性的成就。借助大数据深挖，从海量的数据堆里“清洗”并“按需提取”出数据，探寻、分析、发现数据间的相关性，从而真正实现数据不仅仅是过程留痕、不仅仅是学习的结果，更是促进改善的“指南”。比如根据每位孩子一周学习生活情况的所有数据汇总进行分析和反馈，在每周日的周报告中呈现课堂表现、自主打卡等一周数据的绝对值和相对值情况，列出孩子被激励和被提醒的具体项目，帮助孩子清晰认识到需要保持和调整的具体细节，在家校共育、自我回顾中实现“与自己比”“每天进步一点点”的温和引导。（参见以下组图）

当然，个人数据促进学生自我改进的同时，群体数据也可发挥促进教师改善和支持精准管理的功能，全面、完整的数据“底座”为分析诊断提供了可能。（参见以下组图）

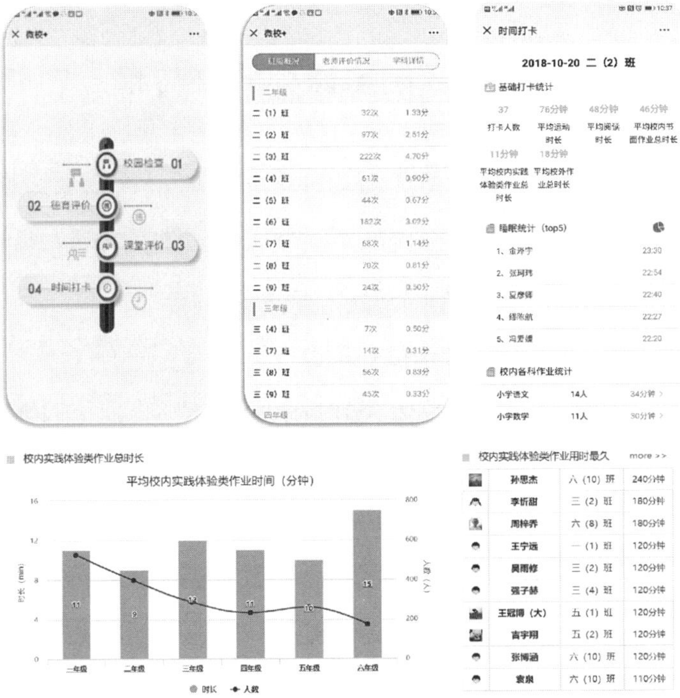

充分的尊重与信赖，指向改善的价值追求，营造了儿童免于恐惧、安全感满满的评价环境，也引导着教师追求增值的努力方向。

第六章　理趣数学的实践探索

理趣数学作为一种教学实践，最终必然落实到学校的日常生活——数学课程的实施中。其中又按现行课程方案的要求，从《数学课程标准》所规定的课程内容（亦即下文所定位的“国家课程”）和校本层面自主开发的数学拓展/活动课程两个领域予以体现。

第一节　国家课程的聚与整

以教材为主要载体所体现的国家课程，提供的学习素材以及需达成的学习目标，要以符合教学逻辑的方式去具体落实。这就涉及根据学情对教材中提供的材料进行相应的筛选、聚焦和整合。

一、数学认知：促进理解与建构

教材，作为知识的物化载体和开展教学的依据，其新授部分往往是按照知识逻辑的体系以及数学活动的流程，确定了每节课的达成目标，引导着每节课的教学方式。但是，教材不等于教学。我们在研读教材、理解教材、吃透教材的过程中，首先需要认识到其显见与隐形之处，再结合学生的学情研判，确定教学思路。

（一）实践观点一：于教材空间处探寻教学的空间——以“认识面积”为例

我们通过“认识面积”这一数学经典内容，从教材“可视空间”“模糊空间”以及“潜藏空间”的维度进行分析，以表达教学逻辑之“理”的明晰路径。

1. 可视空间——瞄准目标，探寻如何达成

“认识面积”一课，无论是哪一版本的教材，都将“面积”的意义作为呈现的主要内容，但在内涵的阐述及呈现方式上有所不同。如人教版通过对不同物体表面的大小以及图形面积的比较，明确揭示“物体的表面或封闭图形的大小，就是它们的面积”。而苏教版课标教材则回避了用文字给予一个明确的概念，采用具体化的方式，如“黑板表面的大小是黑板面的面积”进行描述。以上两种方式不同，措辞有异，但所表达出的“面积”的内涵和外延是一致的，都是指物体表面或平面图形中的封闭图形（也有称“围起来的图形”）的大小。

细细品读教材提供的实例，我们可以厘清面积含义教学中的几个节点。一是“物体表面”所指内涵的丰富性。物体的表面，可以是一个面，也可以是围成这个物体的几个面；可以是平面，也可以是曲面。二是“封闭图形”所指内涵的确定性。它首先是一个平面图形，而且这个平面图形是封闭的，所以像“角”这样不封闭的、没有确定大小的图形是被排除在外的。

基于这样的认识，笔者设计了以下的教学环节：

（1）激趣导入

由跟唱歌曲《我是一个粉刷匠》引入教学。

预设话题：小小粉刷匠在刷什么？他是怎样刷的？模仿刷墙面的过程。

【揭示】这样就刷满了墙面。（板书：面）

（2）探索新知

①感知物体的面：摸一摸黑板的板面、课桌的桌面、笔盒（笔袋）的表面。

②比较大小，初步揭示含义。

比一比课桌的桌面和黑板的板面的大小，你看出什么？

【揭示】黑板的面比课桌的桌面大。在数学上，我们可以说：黑板面的面积比桌面的面积大。

比一比数学书的封面和课桌面，谁的面积大？

摸一摸笔盒（袋）的表面和橡皮的表面，你想说什么？

在纸上描出橡皮的一个面，并涂满颜色。画出的这个图形的面积指的是什么？

用自己喜欢的颜色涂满材料纸上“五角星”的面。

画一个比五角星面积大一些的图形。

多途径、多角度展开对“面积”这一概念的探讨，不仅可以丰富学生对于表象的认识，更是将教材所要表达的概念的内涵进一步具体化。学生经由看、摸、比、画、想等多种活动，不仅可以加深对概念的理解，也是对概念外延不断拓展的过程，这便是对教材“可视空间”的最佳诠释。

2. 模糊空间——品味留白，进行个性化解读

在“认识面积”这一课中，教材除了呈现不同的实例和活动逐步揭示“面积”的含义，在后续板块中，还都呈现了对不同图形进行面积大小的比较活动。如苏教版教材中呈现的以下例题：

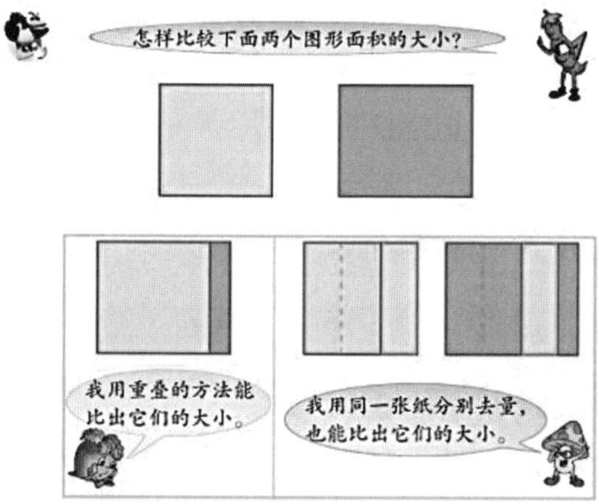

我们需要思考：这样的比较面积大小活动所承载的教学意义是什么？

表面看，这一活动似乎可以帮助学生理解面积的意义，进一步看，它为学生比较两个平面图形面积的大小提供了多样化的思路。然而，这就是例题所承载信息的全部吗？显然还不够。要挖掘更多的“隐喻”，需要我们多一些追问：

此例中的两个图形，既然能够通过重叠法比出面积的大小了，为何还要呈现用相同的小长方形去度量的方法？

相对于前面的比较活动，本例题有什么新的生长？看似多样化的背后，教材到底要透露出怎样更为重要的信息？

再进一步，教材中呈现用较小图形去度量时，为什么呈现的是相同大小的长方形，而非后续面积单位教学中需要采用的小正方形？此举又为何意？

…………

教材中的这一例子所提供给我们的感受，犹如一片云遮雾绕的青山绿水，细细端详，无限韵味藏于云雾中。因此，不同的人自会瞧出不同的风景，呈现出不一样课堂。

基于对这一环节目标定位的追问，笔者做出了如下的思考和设计：

不同的比较活动，凸显的是面积的意义。因此，每一次比较，聚焦“比的是什么”“这样是不是在比面的大小”……这是每一个比较活动的主旨。

在对不同材料的比较中，各种比较方法因材取舍的过程，不仅是体会各种方法局限性的过程，也是逐步感悟用相同的面积单位去度量的必要性的过程，因此，众多方法的呈现，仅仅是繁星点点，最亮的那一钩“明月”，应是普适的基本方法——度量。

同时，“明月”之中，亦有乾坤。同是度量，用小正方形度量与用小长方形度量或其他图形度量，有什么优势？为什么面积单位是以正方形为基本图形的？这些问题，教材中做了留白。教学中我们可以通过素材的提供，让学生有所感悟。

为此，在这一环节中，笔者在教材例题呈现的素材之后，补充了一组素材——“6 厘米 ×6 厘米”的正方形和“4 厘米 ×10 厘米”的长方形，作为催生不同比较方法的载体。

同时，在前测中，笔者也发现：当学生面对观察、重叠不能确定谁大谁小时，基本都会在重叠之后分割出多余的部分再比较，即便没有剪刀等工具，也会借助笔去画出分割的过程，锲而不舍、坚定地走在“分割”之路上。而对于借助较小图形去度量的方法，基本上不可能自发产生，这就需要教师提供相应的材料，做出适当的引导。因此，笔者采用在学生尝试比较之后再提供“锦囊”的方式，引出度量的方法。“锦囊”之中有“三宝”：一是画满边长1厘米的正方形方格的透明胶片；二是5个“2厘米×2厘米”的正方形小卡片；三是8个“1.5厘米×2.5厘米”的长方形。

据此预设的教学流程为：

①出示如例题中的两个面积相近、有视觉错觉的长方形纸片，比较它们的面积大小。

学生由不同的判断结论，自主寻找新的比较方法。

②出示“6厘米×6厘米”的正方形和“4厘米×10厘米”的长方形纸片。

学生自主探索比较面积大小的方法。

【适时提示】可借助“锦囊”里面的材料帮助自己比较。

交流各自的比法和结论。

【比较】这么多的方法，各有各的妙处，哪种方法用起来最方便？或者说，随便什么样的图形，都能靠它比出大小吗？

聚焦用小长方形和小正方形度量的方法，进一步思考摆哪种小图形更实用。

经教学实践检验，在这一比较活动中，因材料的精备和问题的预设，学生在多样化的比较中，进一步明晰了面积的意义并逐渐感悟到了普适的比较面积大小的方法。这一教学环节不断推敲、修改的过程，亦是笔者自悟如何解读教材“模糊空间”的过程。我们应努力把教材的共性化处理纳入教者个性化的解读之中，并在此基础上有所调整、有所优化、有所扩充，使教材“模糊的空间”明晰化、显现化、具体化。

3. 潜藏空间——把握勾连，观照矛盾冲突处

教材中某一篇章呈载的教学内容，一般都能让人一目了然地看到“可视空间”，并感受到“模糊空间”的若隐若现。但是，这一内容的“前因”“后

果”，以及与之盘根错节处，却往往是隐在青山中、藏在大地下。

就如认识“面积”时，早先认识的“周长”，作为一个“先入”的概念，对于学生认识面积就有了负面的牵引。同时，在一个平面图形中，“边”是强刺激源，而“面”则是弱刺激源，因此，认识面积虽是起始概念，但并非真正“白手起家”。聚焦“面”认识面积也好，比较大小凸显面积也罢，都需要把握一点——面积与边线长度并非正相关，都需要明确这样一个事实——面积并非周长。

基于这一思考，教学设计中，笔者关注了两个细节的处理：

（1）在第一板块，“画一个面积比☆大的图形送给它做朋友”时，对于学生们画的图形，辨别了其面积是不是比☆大之后，笔者增加了一个环节——

师：我也想画一个图形送给☆做朋友，想不想看一看？

（师在☆之旁画至一半后停下，见下图）

师：你觉得老师画完了吗？为什么？

【说明】此问意在让学生关注到必须是封闭的（或围起来的）图形才行。

师：看出来了？老师也想画一个面积比五角星大的图形，真是这样的吗？

（师演示画完，见下图）

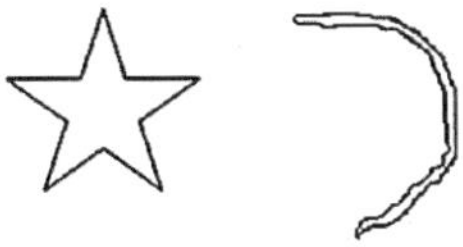

【说明】让学生在上当后的一笑中，加深对面积的认识，产生分清“面”与“线”的意识。

（2）在比较图形大小的教学环节中，让学生充分阐述比较的方法和想法，寻找将比周长当成比面积的例子，暴露其认知上的误区。比如拿尺量算出周长当成面积，甚至于数小方格时拿周长算法去求面积，这些误区在学生中间出现的概率是比较高的。对于这样的思考，不要轻易让它们淹没。如能在交流比较方法时展现出来，对于全体学生加深对“面积”含义的理解是有帮助的。当然，在呈现这样的错误的同时，引导学生建立正确的“错误观”，让他们的在思考中的错误拥有一个安全的空间，这是教师需要关注的。

综上所述，所谓教材的空间其实是指教材能够明晰表达的空间、教材不得不模糊处理的空间和教材未能展示的潜藏空间的总和。对于教材能够展示的空间，需要我们潜心去“读”，对于教材不能清晰表达的空间，需要我们用心去“悟”。当我们把“读”出来的和“悟”出来的空间，艺术地整合到我们的课堂中，数学课堂才会光彩照人、充满活力。

（二）实践观点二：教在关键处——以“11—20 各数的认识”为例[①]

倡导自主、合作的课堂，并非否定讲授的存在。班级授课制的环境中，学生的年龄特征、教学内容自身的特点，都决定了讲授依然是根本。但是，什么内容当讲？当讲多少？什么时候才讲？该怎么讲？……这是值得我们反复斟酌与确认的。

如“11—20 各数的认识”这样的教学内容，其显著特点是在课堂开始学习之前，似乎学生都“认识”了，“0 起点教学”这一学校教育伦理定位必然得直面学生已经“知道”了的现实。那么教什么？

——教学前，学生的起点在哪里？

课前，通过对 30 余位不同学力的孩子的观察、访谈后发现：一般来说，每一个孩子都知道 20 以内的数，都能比较熟练地一一顺数甚至还能倒着数，几个几个的数也不成问题，区别只在于数得顺畅还是磕巴而已；并且，孩子对于每一个数所表示的数量多少、彼此之间的大小关系基本也都了然于胸。显然，这些知识的了解大多源自他们生活中的经验与积累。但站在数学的角度，学生对早已熟悉的这些数的建立机制——十进制计数

①余颖．教在关键处［J］．江苏教育（小学教学版）.2012，9：11-14.

法的具体规则却并不了解。“10 个一”“1 个十”是什么意思？为什么满了 10 个一就要看成 1 个十？……这些数学问题，关系到学生今后能否正确地理解计数法则，也是学生以后学习较大数的基础，但却是学生生活经验中所没有的。既然如此，这些在“学校数学”中才可能涉及的问题，恰恰就应是这节课的教学重点所在。

——教学按怎样的逻辑递进比较合理？

本课内容，教材中的呈现是：先通过一一累加数小棒，引出“10 个一是 1 个十”这一规则，再让学生在摆小棒的过程中，学会运用该规则清楚地摆出 11—20 各数，从而让学生对十进制计数法建立初步的框架。应该说，这是站在知识客体的角度，按照知识的逻辑顺序——先定规则，再予以运用进行编排的，它所遵循的是知识逻辑。

而“教学逻辑是教学系统中主客体关系的动态转换逻辑”，是指包括思维在内的师生教学活动的内在规律性和有关主张。教学中，知识线索因其显性的特征，常常成为教学逻辑的主线，这无可厚非。但我们也要充分认识到：除了关注知识的发生发展，我们更需关注学生的已有经验和基础，关注学生的学习感受，这正是设计教学逻辑的重中之重。

经过思考和权衡，最终笔者采用了立足学生基础的方式，以“10 个一是 1 个十，1 个十是 10 个一”为教学重点，让学生先数出 12 根小棒，再提出“怎样能比较清楚地看出是 12 根”这样一个开放性问题。这一问题调取的是学生“几个几个数”的已有经验，让学生经由多种方法的比较，在化繁杂为简明的目标指引下，经历建构计数方法并认识十进制基本规则的过程。在此基础上，再通过抓数小棒、由“数”想“形”等教学活动，帮助学生在练习活动中进一步理解“10 个一是 1 个十”“十几是由 1 个十和几个一组成的”等等。

如此，有了以下的教学实践：

【操作感悟】

（1）猜一猜

师（抓一把小棒）：小朋友猜一猜，老师手里拿了多少根小棒？

生 1：20 根。

生 2：15 根。

（略）

（2）数一数

师：到底有多少根呢？小朋友想不想知道？我们一起来数一数，好不好？（教师将手里的小棒一根一根地摆到黑板上。）

生齐数：1、2……10。

师：10 根再添 1 根是多少根呢？

生：11 根。

师：（边说边添上 1 根）11 再添 1 根是？

生：12 根。

（3）摆一摆

师：12 根小棒摆下来。要不是一根一根地数过了，就这么摆着，能一下子看清楚这里有 12 根吗？

生：不能。

师：有什么好办法能让我们清楚地看出这里有多少根小棒呢？

师：把你想到的好办法在同座耳边悄悄说一说。

（学生互相交流。）

师：你的同座的办法是什么？

生 1（边说边演示，摆出左边 6 根、右边 6 根）：我的同座的方法是把 12 根小棒 6 根 6 根地摆。

师：这么摆能一下子看出是 12 根小棒吗？

生齐：不能。

师：为什么？

生 2：左边 6 根，右边 6 根，还是要数数才知道（每边是 6 根）。

师：还有什么好办法吗？

生3（边说边演示，摆出2根一堆，摆了6堆）：我的同座想到的办法是把12根小棒2根2根地摆。

师：这么摆，是不是看得更清楚些？

部分学生认为：2根2根地摆，数出有12根，蛮方便的。

师：2根2根地摆，是比刚才清楚些。还有不同的方法吗？

生4：我的同座说把12根小棒左边摆10根，右边摆2根。（边说边把10根小棒堆在一起）

师：你们觉得这个办法怎么样？

生反对：10根堆在一起，也不能一下子看出就是10根。

师：是啊！10根小棒就这么摆在一起，不数哪知道是10根啊！不过，在数学上，人们已经约定俗成地想到了一个办法，那就是数满10根，就把它们合起来捆在一起。（边说边将黑板上的10根小棒拿下，捆起来）看到这一捆，我们就知道它是代表1个十。

（学生齐操作：一起数小棒，1个一、2个一……10个一，数到10个一，把十根小棒捆起来。）

师：这一捆就是一个整体，它表示1个几？

生：1个十。

师：计数时只有满了10根才要捆起来，我们再检查一下，手里的这一捆是不是1个十？

（学生齐操作：解开皮筋，一根一根地拿，边拿边说1个一、2个一……10个一。）

师追问：10个一合起来就是1个几？

生齐：1个十。

师：1个十也就是10个几？

生齐：10个一。

（师板书：10个一是1个十）

师（指着捆起的一捆小棒）：这是1个几？

生：1 个十。

师：1 个十再加 2 个一根，合起来就是 12 根。刚才老师抓了 12 根小棒。（板书：12）

师：刚才哪些小朋友猜对了？

（个别学生举手。）

师：祝贺你，一猜就准。不过，没猜对的也别懊恼，毕竟我们只是猜的，猜出大概有十几根的同学，你的感觉已经很棒了！

【操作应用】

（1）布置要求

师：刚才是老师抓了一把小棒让我们一起猜一猜、数一数。小朋友想不想自己也抓一把看看有多少根啊？

呈现分步操作要求：①同座商量一下：由谁抓出一把小棒？②俩人估一估：大约抓了多少根小棒？③数一数：有多少根？

师：老师有个请求，希望你们数完后，要能让老师也很快看出你们抓了多少根。

（2）学生操作

同座按要求去抓、数小棒。

（3）全班交流

生 1（边说边举起左手的 1 捆、右手的 4 根小棒）：我们抓了 14 根小棒。

师：是 14 根吗？

全体学生很肯定地回答：是。

师：为什么大家这么快就确认是 14 根呢？

生 2：1 捆就是 1 个十，再加 4 根就是 14 根。

生 3（边说边举起左手的 1 捆、右手的 1 根小棒）：我抓了 11 根。

师：是 11 根吗？

生：是。

师（故意地说）：我不同意，明明不是只有两部分嘛，怎么不是 2，而是 11 呢？

生 4：他左手抓了 1 捆，是 1 个十，右手抓了 1 根，是 1 个一。当然是 11！

师：还有抓了不同根数的吗？

生 5（呈现 1 捆和 5 根）：我们抓了 15 根。

生 6（呈现 1 捆和 8 根）：我们抓了 18 根。

师：小朋友发现没有，他们拿出来的小棒，都有一个共同的特点，是什么呢？

生 7：都拿了 1 捆和几根，都是十几根。

师：把 10 根捆在一起，就很清楚地看出来有多少根小棒了。

【课间操】

说唱儿歌“十个手指头”并做动作。

【逐步抽象】

师：刚才有的小朋友抓了 11 根，也有抓了 14 根、15 根、18 根小棒的，还有抓了不同根数的吗？

生 1：我抓了 13 根。

师：小朋友们想象一下，13 根小棒怎么摆？

生：1 捆和 3 根。

师：也就是 1 个几和 3 个几？

生 2：1 个十和 3 个一。

（师相继贴出表示“13”的小棒图，并板书“13”。）

生 3：我们抓了 20 根小棒。

师：20 根小棒又怎么摆呢？

生 4：就是先捆了 1 捆小棒，后来又捆了 1 捆。

师：为什么是 1 捆小棒又添 1 捆呢？

生 4：10 根小棒就是 1 个十，捆了 1 捆后，又有 10 根，又有了 1 个十，所以就又捆了 1 捆，这样就有 2 捆了。

（师根据学生的回答出示1捆小棒图，再添1捆小棒图，并板书“20”。）

生5：我们抓了17根小棒。

师：就是几个十和几个一？

生齐：1个十和7个一。

师（出示小棒图）：这17根小棒贴到黑板上的哪个位置合适呢？

生6：贴在13和20中间。

（师将表示17的小棒图贴在黑板的相应位置上。）

师：把这些数和前面小朋友们所认识的数排排队，那又是怎样的呢？

（师出示直尺图。）

生齐读：0、1、2……20。

（具体过程略）

类似于这样看似简单、学生已掌握的教学内容，在小学阶段并不少见，比如第一学段10以内数的加减和认图形、第二学段多位数计算和观察物体、第三学段有关解决问题的策略等方面的内容。教学这样的内容，教师面对的主要困境就是：如何确定学生的“已有”并据此确立学生的生长空间来展开教学？哪些适合调取学生的已有经验并促进迁移应用或重构？哪些必须由教师出手并通过讲授予以明晰？哪些又适合经由教师的引导、点拨助力深入探究？教学起点的定位不同、教学目标的指向不同，就会带来不同的教学设计及流程。

理解学生的知识基础、生活经验，把握学生惯用的思维方式和普遍倾向，了解学生的个体差异，找准大多数学生的共同基础、少部分孩子的差异所在，等等，这些是首要任务。同时，把握教学内容的关节点、弄清教学的链接点、寻找其中适切的思维生长点等等，则是设计的重点。像在“11—20各数的认识”中，数得对、数得巧，是可以依据已有经验展现差异，并让学生在差异中彼此启发。但十进制计数法作为人为约定的规则，对一年级学生而言，显然没有什么自主探究与建构的空间。那么，让他们知道“数学中每满10根就捆成一捆”“只有10根才能捆成一捆”“看到这一捆就知道是1个十”，就是学生认知结构的“根部”所在，也是本节课“教”的关键所在。

（三）实践观点三：问在破壁处——以“认识倒数”的教学片段为例

“分数”“负数”“奇数”“偶数”……当我们面对这些形象生动的概念名称时，不得不被先贤们妙用汉字的本领所折服。当然，叹服的同时，也必须思考：这些概念表述是否都有利于学生对内涵的准确把握？如果有差异之处，是否能将之转化为教学中的宝贵资源？正如“倒数”，顾名思义，“就是倒过来的数”，生活化的语言和已有经验基本就是学生对“倒数”这一概念认识的起点。尽管是模糊、不全面且不准确的，但却是真实而弥足珍贵的。如果认同教学过程其实就是学生已有经验被激活、重组、积累、提升的过程，那么如何帮助学生在此过程中将模糊的经验清晰起来、紊乱的经验有序起来、错误的经验正确起来？如何让学生从数学的角度去正确建构“倒数”的含义呢？于是就有了这节课的探究引入。

【环节一】

师（板书“倒数”）：猜一猜，什么是倒数？

生：倒数，就是倒过来的数。

师追问：都同意他的说法吗？

生齐：同意。

师：有道理，能举个例子吗？

生：$\frac{2}{7}$倒过来就是$\frac{7}{2}$。

师：那就可以说，$\frac{7}{2}$是$\frac{2}{7}$的什么？

生齐答：倒数。

师：你们还能举出什么样的例子？

生1：$\frac{3}{5}$的倒数是$\frac{5}{3}$、$\frac{9}{4}$的倒数是$\frac{4}{9}$……

教师将学生所举的例子在黑板上做相应板书：

$\frac{3}{5}$　$\frac{5}{3}$

$\frac{9}{4}$　$\frac{4}{9}$

生2：只要把分数的分子和分母的位置倒一下就可以了。

【环节二】

师：有道理，那0.8、0.15这样的小数有倒数吗？

生1：我觉得没有，因为它们不是分数，没有分子、分母可以倒。

师（意味深长地笑道）：是啊，不是分数，哪来的倒数呢？

（稍许沉默）

生2：我觉得这两个数也有倒数，只要把它们化成分数，就可以了。$0.8=\frac{4}{5}$，它的倒数就是$\frac{5}{4}$；$0.15=\frac{3}{20}$，它的倒数就是$\frac{20}{3}$。

师：哦，把它们化成分数就有办法找倒数了。你们觉得有道理吗？

（不少学生佩服得直点头。）

师：那$\frac{5}{4}$是谁的倒数？$\frac{20}{3}$又是谁的倒数？

生1：$\frac{5}{4}$是$\frac{4}{5}$的倒数，也就是0.8的倒数；$\frac{20}{3}$是$\frac{3}{20}$的倒数，也就是0.15的倒数。

师板书：

0.8　　$\frac{5}{4}$

（$\frac{4}{5}$）

0.15　　$\frac{20}{3}$

（$\frac{3}{20}$）

【环节三】

师：那么像8、18这样的整数有倒数吗？

（一片“有”的叫喊声，不同的是有人神色坚定，有人面带迟疑。）

师（幽默地说）：如果有，那又该怎么倒呢？总不至于把8、18上下倒一下，那也还是8、18呢。

生1：我觉得不是，8就是$\frac{8}{1}$，18就是$\frac{18}{1}$，分子分母倒一下位置，就是

$\frac{1}{8}$和$\frac{1}{18}$，所以，8 的倒数是$\frac{1}{8}$，18 的倒数是$\frac{1}{18}$。

（多数学生点头称是。）

师板书：

8　$\frac{1}{8}$

18　$\frac{1}{18}$

师（边指着板书的各组例子边问）：如果是这样的话，我们还说"倒数，就是倒过来的数"，你还觉得很合适吗？

（大家都笑且摇头。）

师：到底怎么来定义才是学数学的人该有的严谨表达呢？回过头来再次观察我们刚讨论的这几组倒数，其中有什么共同之处？

（略）

要打破学生原有的认知，最好的办法就是要让他们首先认识到自己理解的粗糙，让"自以为知者知其不知"，这样才能促进他们的知识体系获得真正意义上的解构与重建。如此，苏格拉底的"产婆术"倒是可以给我们以教学启示。

苏格拉底把教师比喻为"知识的产婆"，他认为教师在与学生交谈的过程中，不应直截了当地把知识告诉学生，而应通过教师不断地提出问题，学生不断地回答问题，让学生直面自己认识中的问题，从而逐步引导学生最终形成正确的思想。由此可见，"产婆术"这种方法，实质上在于启发学生的积极思维活动，将儿童心灵中的智慧不断引出、发展，从而自觉地获取知识。虽然苏格拉底仅将之用于道德教育中，而且采用的也是"一对一"的问答方式，但对于同属"对话"本质的课堂教学来说，其要义和精髓仍值得我们学习与运用。将之应用于数学教学，这在培养学生的分析、概括、归纳、推理等方面的能力时作用特别显著。

正如本课所借鉴"产婆术"而形成的教学步骤：教学伊始，面对学生对倒数的认识——"倒数，就是倒过来的数"，并未简单予以否定与纠正。

而是逐步抛出两个问题——“0.8、0.15 这样的小数有倒数吗？”“8、18 这样的整数有倒数吗？”让学生在回答这两个问题的过程中，越来越强烈地意识到原先认识的不准确、不全面，产生寻找正确定义的渴望。此不断反问、类似“证伪”的过程，即所谓“产婆术”中的第一步——讽刺。在学生充分认识到“知己不知”的基础上，再引导学生观察讨论过的几组倒数，寻找其中的共同之处，为学生正确概括“倒数”的定义提供有效的帮助，“使自以为不知者知其所知”，此所谓“产婆术”的第二步——助产。因为有了前面充分反问、反省的过程，此时的“助产”使得学生正确概念的获得呼之欲出。

在这一过程中，学生的经验受到了应有的重视。通过唤醒学生已有的“关于分数、小数、整数之间关联”的数学经验，以此作“矛”，去直攻“倒数就是倒过来的数”——这样的生活语言经验之“盾”。而这，就是一个“数学化”的过程、一个“再创造”的过程。显然，尊重学生经验的教学要求教师善于运用迁移规律，去发现它、挖掘它、激活它。这正如弗赖登塔尔对苏格拉底的方法的评价：“我们保留他（苏格拉底）的通过再发现来学习，但这个‘再’并非学生的前世，而是指人类的历史，也就是重复人类祖先发现他们所掌握的知识时的发展情况，我们不妨称之为再创造。”①

（四）实践观点四：简约中寻张力——以“分数的大小比较”为例②

“分数的大小比较”是一个普遍认为教学目标容易达成、“比较简单”的教学课题。究其原因，在于因数据大小所限而带来的比较之易，因通分程序的好掌握而带来的结论获得之易。但如若深究这一简单内容的内在空间，我们可以发现它与分数意义，分数、整数以及小数的计数规则等的内在关联之深，可以说，这是属于数学认知结构中“根部”的内容，

---

①弗赖登塔尔．作为教育任务的数学［M］．陈昌平，唐瑞芬，等，编译．上海：上海教育出版社，1995：95.

②余颖．于简约中寻张力［J］．小学教学（数学版）.2016，7-8：72-76.

比出大小不应只是本节课唯一的目标。

设计本节课时，笔者思考的核心问题是：对于“比较异分母分数大小”这样一个解决方法多样的课题，如何实现普适与灵活的统一？具体而言，从方法层面来说，比较异分母分数的大小，既有通分、化小数等普适的方法，又有依据两个分数的特点灵活比较的方法。如何展现多样的方法、达成对它的理解并让学生在具体问题中自主选择适合的方法去比较？从思考的层面来说，转化、比较、概括等普适的数学思想，与学生可能存在的个性想法之间如何实现彼此的互通与理解？从教学的层面来说，在展现、比较、勾连中，如何实现普遍意义的优化与每个学生个性基础上的自我优化之间的和谐共生？从数学认知结构的层面来说，如何通过异分母分数的大小比较，打通它与分数意义以及与整数、小数大小比较所共同依据的标准之间的关联，通过内在一致性的把握形成稳定而系统的数学认知？

如此，聚焦核心问题的板块式教学应是与之相匹配的教学结构。为此，笔者设计了由三个预设性任务串起的三大教学环节，所采用的教学方式，也是对话为主，辅以板书，鲜有其他。从课题、内容和教学方式的选用上来说，都可谓简约之极！其“简”之目的，就是给予学生充分的自主尝试、自由表达的时空，并促使他们在多元差异的辨识比较中实现自我的建构与优化。如此，有了以下的教学实践：

【了解学情，回顾导入】

师：这段时间一直在研究分数，能说几个分数吗？

生：$\frac{1}{2}$、$\frac{1}{6}$、$\frac{1}{8}$。

师：看来大家都和几分之一较上劲了，能再说一个比它们小一些的分数吗？

生：$\frac{1}{16}$。

师：是比$\frac{1}{8}$小吗？为什么？

生1：分数的含义是把单位“1”平均分成几份，取这样的几份。分成的份数越多，那么每一份就越少。分成的份数越少，每一份就越多，所以$\frac{1}{16}$小于$\frac{1}{8}$。

师：像这样继续举例说下去，说得完吗?

生 2：说不完，因为可以把单位“1”无限地分下去。分的份数越多，每一份就越小，可以无限小。

师：看来，分数也像我们之前研究的自然数和小数一样，它是有大有小的，今天我们就来研究比较分数大小的方法。

【多样展现，比较勾连】

（1）独立思考

师：有一个同学说了一个比较特殊的分数，它是我们目前认识的分数当中分母最小的真分数，你知道是多少吗?

生：$\frac{1}{2}$。

师：对。（板书：$\frac{1}{2}$）我也想到了一个分数，想看看吗?（板书：$\frac{3}{8}$）$\frac{1}{2}$和$\frac{3}{8}$谁大谁小?

（学生纷纷举手。）

师：都已经有结论了吗? 把你的比较方法跟同学说一说吧。

（2）小组交流

出示交流要求：①说一说：在小组里轮流说说各自的比较方法。②评一评：一人说完，大家评议这样比行不行。

（3）全班反馈

师：刚在四人小组的讨论中你们的比法一样吗? 每一种比法是不是已经在小组里确认过了?

（学生表示方法有多种，都已确认。抽签产生的第一个四人小组与全班交流。）

生 1：因为我们知道分数的基本性质是一个分数的分子和分母同时乘或除以同一个不能为 0 的数，这个分数的大小不变，所以我们可以把和分母同时乘以4，也就是$\frac{4}{8}$，$\frac{4}{8}$大于$\frac{3}{8}$，所以$\frac{1}{2}$比较大。大家听明白了吗？（师记为方法一。）

（大多数学生点头表示认可。）

生2：$\frac{1}{2}$的分母是2，是分子1的2倍，但3不是8的一半，所以说$\frac{1}{2}$比$\frac{3}{8}$大。大家听懂没有？（师记为方法二。）

生3（质疑）：虽然3不是8的一半，但是$\frac{5}{8}$中，5也不是8的一半。

生1：我可以帮他补充一下，就是说3不到8的一半，所以$\frac{3}{8}$比$\frac{1}{2}$小；而5比8的一半多，所以$\frac{5}{8}$就比$\frac{1}{2}$大。

师：是这个意思啊！那也就是说你们的想法是$\frac{1}{2}$中分子和分母之间是两倍的关系，所以，$\frac{1}{2}$对应的就是八分之几？

生：$\frac{4}{8}$。

师：抓住了$\frac{1}{2}$这个数，好！那如果分母是10，与$\frac{1}{2}$相等的分数就是——

生：$\frac{5}{10}$。

师：如果分母是20呢？

生：$\frac{10}{20}$。

师：分母是9呢？

生：$\frac{4.5}{9}$。

师：哦，是这个意思，懂了！请继续。

生4：我是这样想的，我们可以把分数转化成小数。$\frac{1}{2}$等于0.5，$\frac{3}{8}$等于0.375，0.5大于0.375，所以说$\frac{1}{2}$大。大家听懂了吗？这样比，可以吗？（师记为方法三。）

（生都表示认可。）

生5：看两个分数的分子和分母，$\frac{1}{2}$和$\frac{3}{8}$，8是2的倍数，所以把$\frac{1}{2}$的分子和分母同时乘以4，变成$\frac{4}{8}$，这样$\frac{1}{2}$就比$\frac{3}{8}$大。

生 6：你说的其实就是第一种方法。虽然你没提分数的基本性质，但就是根据分数的基本性质来的。

师（询问生 5）：同意他的说法吗？

（生 5 表示同意。）

师：其他小组要补充吗？

生 6：可以把$\frac{3}{8}$的分子、分母同时除以 4，也就是二分之……3 除以 4 肯定比 1 小，就是二分之“一个比 1 小的数”和$\frac{1}{2}$去比，所以是$\frac{1}{2}$大。（师记为方法四。）

师：你的意思是二分之零点七五，这个数的分子小于 1 了，所以比$\frac{1}{2}$小。是这意思吧？同学们，这样比可以吗？

生：可以。

生 7：我们可以把$\frac{1}{2}$和$\frac{3}{8}$通分，通分以后$\frac{4}{8}$比$\frac{3}{8}$大，所以说$\frac{1}{2}$就比$\frac{3}{8}$大。（师记为方法五。）

生：说过了，这就是方法一。

生 8：也可以把$\frac{1}{2}$的分子和分母同时乘 2，变成$\frac{2}{4}$，然后再把$\frac{3}{8}$的分子和分母同时除以 2，变成$\frac{1.5}{4}$，1.5 比 2 小，所以$\frac{3}{8}$小于$\frac{1}{2}$。（师记为方法六。）

生 9：我们还可以通过画图来理解。（在讲台上边画图边讲解）首先我画一个正方形，代表单位“1”。然后把它平均分成两份，其中的一份代表$\frac{1}{2}$。再把这$\frac{1}{2}$份平均分成 4 小份，取其中的 3 小份，比$\frac{1}{2}$那部分还少一小份，所以说$\frac{3}{8}$小于$\frac{1}{2}$。（师记为方法七。）

生 10：把$\frac{1}{2}$的分子、分母同时乘以 3，变成$\frac{3}{6}$，分子相同，分母越大，那么这个分数就越小。所以，$\frac{3}{6}$大于$\frac{3}{8}$。（师记为方法八。）

生 11：把$\frac{3}{8}$的分子 3 乘以$\frac{1}{2}$的分母 2 等于 6，$\frac{1}{2}$的分子 1 乘以$\frac{3}{8}$的分母 8 等于 8，6 小于 8，所以，$\frac{3}{8}$小于$\frac{1}{2}$。（师记为方法九。）

师：这个方法大家听明白了没有？似乎有的人听懂了，也有人还没明白。

没关系，我们先留在一边，回头再说。

（4）归类勾连

师：现在我们一起来看一看，在黑板上我们已经呈现出了 9 种比法，除了最后一种有点儿搞不明白，前 8 种我们都确定是可行的。同学们真厉害！想到了这么多不同的比较方法，这 8 种方法（指前 8 种），哪些方法其实是同一类的呢？你能把它们归归类吗？

（同桌讨论后全班交流。）

生 1：我们觉得第 1 种、第 5 种和第 6 种都是一样的，可以算作一类。因为它们都是根据分数的基本性质，即分子和分母同时乘或除以某一个不为零的数，变成分母相同的数，然后进行比较。

生 2：我觉得第 4 种也是把$\frac{3}{8}$的分子、分母同时除以 4，跟这 3 种方法是一样的。

生 3：我认为第 1、4、5、6、8 种是一样的，都是根据分数的基本性质得来的。

生 4：我比较赞同生 3 的观点，因为这几种方法都是把分数化成我们原来学过的一些数，或者学过的东西来比较。

师：哦，变成我们以前学过的数来比较。这么看来，除了这 5 种，其他几种是什么情况？

生 5：第 3 种转成小数，也可以算，小数的大小比较我们已经会了。

生 6：第 7 种画图，是联系这两个分数的含义来比较的，也是我们学过的内容。第 8 种是根据分数的基本性质，把它们变成分子都是 3 的分数，同分子的分数大小比较我们以前也学过了。

师：这么一说，似乎大多数都可以归成一类了嘛！回顾一下刚才的过程，很多同学都提到了分数的基本性质，我有一个疑问：为什么依据分数的基本性质我们就可以比较分数的大小了呢？

生 7：因为利用分数的基本性质可以使分数的大小不变，然后让两个分数的分子或者分母变得相同，这样就可以比较了。

师：哦，找到了一个相同的地方。那我们再来看一看第 3 种，两个分数都化成了小数，这两个小数也有相同的地方吗？

生 8：小数有个具体的值，0.5 是 5 个$\frac{1}{10}$，0.375 是 375 个$\frac{1}{1000}$，5 个$\frac{1}{10}$也就是 500 个$\frac{1}{1000}$，那就是 0.5 大。

师：多少个$\frac{1}{1000}$，也就是说，在这里我们找到的相同之处是——

生：相同的计数单位。

师：这计数单位就是相同的标准。那第 2 种方法，我们想到$\frac{1}{2}$是一半，看跟它比较的分数有没有达到一半，这是拿谁作标准？

生：拿$\frac{1}{2}$作标准。

师：也就是说大家对$\frac{1}{2}$这个分数有一种特殊的感觉，可以拿它作标准来比较。现在观察这些方法，之所以都可以用它们去比较大小，那是因为在比较的时候，我们都找到了——

生：一个相同的标准。

师：现在再来看第 9 种方法，刚才不少同学没听懂为什么 3×2 的积小于 1×8 的积，就意味着$\frac{3}{8}$小于$\frac{1}{2}$了，对吧？

教师板书补充如下：

$\frac{3\times2}{8\times2}$　$\frac{1\times8}{2\times8}$

生：哦！这样都是拿分母相乘，以$\frac{1}{16}$这个分数单位作标准了，竟然可以这样比！

【合理选择，灵活运用】

（1）尝试运用

师：有了相同的标准就可以比较。同学们，知道了这么多的方法，对于分数的大小比较，你是不是觉得非常简单？

生：是。

师：有时候方法多了可能也是件麻烦事，到底用哪种方法最合适呢？你能在比较分数大小的时候做出选择吗？

（出示课件）

用合适的方法比较每组分数的大小。

① $\frac{5}{6}$和$\frac{19}{24}$

② $\frac{3}{5}$和$\frac{4}{9}$

③ $\frac{3}{4}$和$\frac{4}{5}$

（学生独立完成后交流。）

生 1：第一题我采用的是通分。我是先把 6 乘 4 等于 24，这样分母就相同了，然后 5 乘 4 等于 20，$\frac{20}{24}$大于$\frac{19}{24}$，所以是$\frac{5}{6}$大。

（几乎全班学生都采用了这一方法。）

生 2：第二题，我把分子改成同样的，$\frac{3}{5}$可以改成$\frac{12}{20}$，$\frac{4}{9}$可以改成$\frac{12}{27}$，分子相同，分母越小，分数就越大，所以$\frac{3}{5}$大于$\frac{4}{9}$。

生 3：第二题我们只要比一下，3 比 5 的一半要多，而 4 比 9 的一半要少，所以$\frac{3}{5}$要大于$\frac{4}{9}$。

师：他找了一个参照的标准，是什么？

生：$\frac{1}{2}$。

师：听完这种方法，刚才用分子相同的方法去比的同学，如果让你们再比较这题，你会改变你的方法吗？

生 4：我会。因为它比较简单，没有必要再化成另一个分数了。

生 5：第三题我也是看出来的。因为$\frac{3}{4}$比 1 小$\frac{1}{4}$，而$\frac{4}{5}$比 1 小$\frac{1}{5}$，分的份数越多，数就越小，所以说$\frac{1}{5}$小于$\frac{1}{4}$，得出来结果就是$\frac{3}{4}$小于$\frac{4}{5}$。

生 6：她（指生 5）刚才说得不清楚，应该说$\frac{3}{4}$比 1 小$\frac{1}{4}$，而$\frac{4}{5}$是比 1 小$\frac{1}{5}$。她讲到了$\frac{1}{5}$小于$\frac{1}{4}$，这里减掉的多，剩下的数就小，减掉的少，剩下的数就大，所以$\frac{4}{5}$大。

（了解到有接近一半的学生采用这种方法，教师板书并进一步讲解，让全体学生了解此法。）

师（追问）：4 和 5 是相邻的自然数，那$\frac{1}{4}$和$\frac{1}{5}$这两个数也是相邻的吗？

在它们之间有没有其他分数呢？如果有，是多少？如果没有，为什么？

生7：我觉得有$\frac{1}{4}$等于$\frac{10}{40}$，$\frac{1}{5}$等于$\frac{8}{40}$，那么介于$\frac{10}{40}$和$\frac{8}{40}$之间的就是$\frac{9}{40}$。但是并不是只有$\frac{9}{40}$，$\frac{9}{40}$还可以变成$\frac{18}{80}$，还可以变成更多更多的分数。

生8：4和5的公倍数有无数个，它们的公分母就有无数个，然后介于它们两个之间的数就有无数个。

生9：我认为可以把$\frac{1}{4}$和$\frac{1}{5}$都化成小数，那不用算也可以知道，两个小数之间一定会有无数个小数的。

师：这就让我想起来了，刚才我们说分数有无数个，因为分数单位可以无限地切分，变得无限小。现在再看，介于两个分数之间的分数，那也是可以有无数个的。这真是件神奇的事！

师：好，回到刚才我们讨论的这三道题，我很想知道，有没有一种方法是可以从头到尾都用它去解决问题的？

生10：通分。

师：既然通分能解决所有的题，那你们为什么没有都采用通分的方法解决这三道题呢？

生11：因为还有比通分更简单一些的方法，所以就不一定全都用通分。

生12：因为每组题都有适合自己的方法，所以不一定都用同一种方法。

（2）深化建构

① 我当老师：根据自己喜欢的比法，想两个分数来考考大家。

② 小组推荐：组内分享每个人举的例子，挑一个最有代表性的，写在卡纸上，请其他同学思考。

③ 集体交流：黑板上贴出每组的题目，自主选择，进行比较。

（具体过程略。）

甄选问题，为的是聚焦核心，促其“根深”与“叶茂”。显然，必须寻找具有开放空间并蕴涵思维张力的问题。$\frac{1}{2}$与$\frac{3}{8}$这两个分数，数据较小，符合所有学生的学习能力，如此“低入”，就为不同学生的差异性思考提供了广阔的空间。从课堂教学的实践看，9 种比较方法的呈现，可谓“叶茂”。在此基础上，以“归类”之名让学生对不同的方法进行比较，逐渐明晰各种方法之所以能比出大小，皆因有了一个“相同的标准”，如此，就寻到了“叶茂”之下的“根”。其后的 3 组分数，也是基于兼具开放与张力的选择。3 组分数，多种方法皆能比出大小，但又各有其相对适合的方法。学生可以基于快捷用此法，基于准确用彼法，甚至基于“自己有把握”用那最“顺手”的方法。但对不同方法的比较，就为学生厘清每种方法后的自我优化提供了促使他们生长的力量。而最后的“我当老师”——根据自己喜欢的比法来出题，更是为学生自我明晰与优化等“个性化生长”提供了支撑。

自主探究与建构、多维互动与对话分享式、板块推进的课堂，一方面展现了学生的思考，但也会出现很多模模糊糊、不明就里、浮光掠影的现象。此时，需要教师适时“出手”，理解学生的想法以促使他们理解彼此；追问学生的想法促使他们走向深刻；引导学生的思考以促使他们整体建构。因为有这样的认识，对第 9 种说不清道理的方法，在暂且搁置、勾连了其他比法的共同之处后再对这一方法予以“补白”，促使学生理解，并让这一方法得以“归根”。教师通过对学生关于“分数有无数个”前后两次的询问与剖析，让学生在丰富了经验的基础上拓展了对极限思想的认识。当学生对各种比法间的联系有了一个初步的认识后，以“为什么依据分数的基本性质我们就可以去比较分数的大小了呢”“都化成了小数，这两个小数也有相同的地方吗”“之所以都可以比出大小，是因为都找到了什么”等问题进行逐步追问，启迪学生思考，促使其知识的“生根”与体系的整体建构。

如此种种，皆是在教学方式、手段之“简”的情况下，为给学生提供足够的生长空间与支持所采取的行动，若能据此实现资源分享的多元与丰足、自我生长的蓬勃与昂然，则达成所愿矣！

（五）实践观点五：求真、求证——以“三角形内角和”为例[①]

“三角形的内角和是 180 度”，这一不足十个字的数学结论，学生理解句意并予以应用是很容易的，若是基于知识掌握的学习，这个内容的教学就并不简单了。

细细品读，简单语句之下实则有着丰富的内涵。三角形这一看似简单的图形，因其大小、形状千变万化，难以罗列穷尽。无限的三角形世界中，各种各样的三角形，它们的内角和都是 180 度。如何让学生经历这无数情况下的确定性的探究呢？如果以教材中借助测量等操作方式不完全归纳出结论，其中又有哪些可以引发学生真实感受，以及有哪些可以产生真切影响的机缘或关键生长点？对于四年级学生而言，“不完全归纳”真的是唯一的验证办法吗？带着这样的思考，笔者将这节课定位于基于学生认知，发展核心素养。如此，形成了以下的教学场景——

【了解学情，激疑促探】

师：关于三角形的三个角，你知道些什么？

生：我知道等边三角形的三个角都是 60 度。

生：也有三个角都不一样的三角形。

师：你的意思是还有很多角的大小情况各种各样的三角形。

生：我知道三角形的内角和是 180 度。

师：今天正准备研究这个问题，还有哪些同学也知道了？

（过半学生举手示意。）

师：（拿出一个三角形）内角指的是什么？

（学生上前指出。）

师：内角和为 180 度是什么意思？

生：这三个角的和是 180 度。

师：（逐个拿出另外两个大小形状差异较大的三角形）这两个三角形的

---

①余颖．求真、求证：指向核心素养的一次教学实践［J］．小学教学（数学版）.2017，7-8：88-91.

内角和是多少呢?

（学生的回答从肯定到有人略有迟疑。）

师（疑惑）：各种各样的三角形，它们的三个内角的和都是180度吗?同学们，你们有什么疑惑?

生：这些大大小小各种各样的三角形，它们的内角和真的都一样?都是180度吗?

【研究分享，探究求证】

师：（聚焦问题）有什么办法能让我们知道三角形的内角和是否就是180度呢?

（1）小组交流

讨论办法（略）。

（2）全班交流

（展现各自想到的办法。）

生1:我们小组商量的办法是找一些大小形状各不相同的三角形量一量，看每个三角形的内角和是不是都是180度。

师："找一些大小形状各不相同的"，为什么要这样呢?

生1：三角形有各种各样的，那是不是有内角和不是180度的呢?只有尽可能量到各种情况才能确定。

生2:我觉得不用这么麻烦，（画一个正方形）因为我们知道正方形的4个内角都是90度，那它们的和就是360度。我们把正方形平分成两个三角形（见下图），也就是把360度一分为二，每个三角形的内角和就是180度。

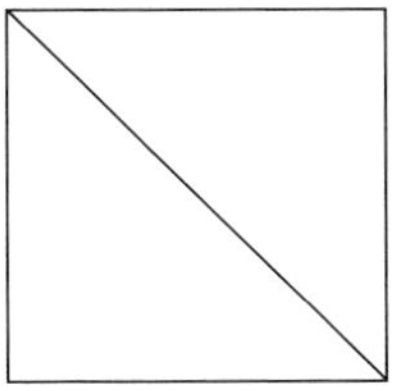

生3:（上前画图）这不是一个正方形吗?把它一分为二成两个三角形，一边先不看，把另一边再分，不停地分下去（见下图），全是三角形（惊讶

声四起），那这每个三角形的内角和是多少？

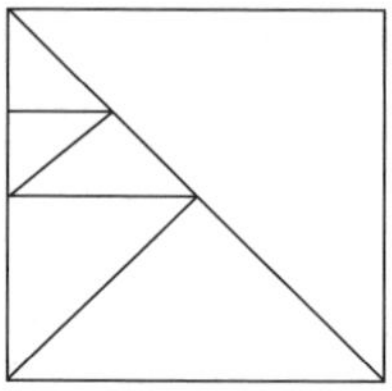

师：他想说明什么？

生 4：他觉得三角形内角和是 180 度的结论是行不通的。

生 5：如果这么连的话，最小的三角形能补出一个正方形（见下图），它还是一个正方形，正方形每个内角还是 90 度，小三角形的内角和也还是 180 度。

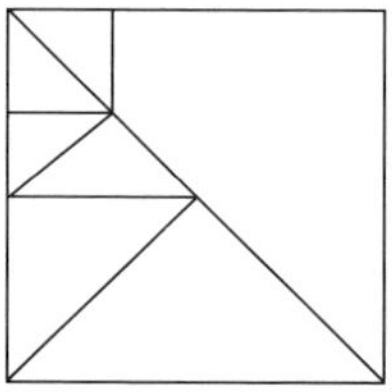

生 6：生 3 这样分的时候，虽然已经分过了，但是又制造出了一个角（指多出的直角），在分这个的时候（指第二个小三角形再分时），它又多出了一个角，就是这个角。

师："又制造出了一个角"，这是什么意思？

生 7：一开始把正方形分成三角形时，是把直角分成了两半，而这里分直角三角形的时候多出了一个角。（其他学生反对说应该是"两个角"。）对，两个角，是个平角，等于还是 360 度，分给了两个小直角三角形。

师：感谢你（指生 3）带来的例子，让我们的认识更清晰了。这么细分下去，最小的三角形和最大的三角形的内角和是多少？

生：都是 180 度。

师：你们觉得到此为止，能否确定三角形的内角和就是 180 度？

生：还要再找其他类型的三角形。

生 8（边说边画图示意）：我们也可以直接用长方形，长方形的 4 个内角也是直角，也可以这样一分为二，分成两个三角形，每个三角形的内角和也是180度。

生9：这也只能说明直角三角形的内角和是180度。像这样的三角形，（画一个锐角三角形）我们还没确定。

师：对于这些不同的三角形，我们还需要再研究。刚才同学们大致想到了两种方法：量，或者想办法证明。请你们对这些不同的三角形，用你们认为合适的办法研究各个三角形的内角和是不是180度。

（3）小组研究

用想到的办法求出每个三角形的内角和并记录下来。（三角形图略）

三角形编号	我们的办法	内角和

（4）全班交流

生1：我们又量了2号、3号和7号三角形，2号三角形3个内角分别是110度、35度、35度，3个内角的和是180度；3号三角形的分别是25度、75度和80度，和也是180度；7号三角形的分别是70度、70度、40度，和也是180度。

生2：我们还量了8号，3个内角分别是100度、15度和65度，加起来也是180度；13号的3个内角分别是45度、60度和75度，和也是180度。

生3：我们也量了13号三角形，但3个角分别是47度、60度和73度，不过加起来也是180度。

师：听了你们的交流，我很好奇，你们量出来的每个三角形的内角加起来正好都是180度吗？

生4：也不全是，在量11号三角形时，3个内角先加起来是178度，但某某（指小组一成员）说我们量角器摆得可能有点儿不准，老师给我们的角应该正好是几十五度或几十度的，我们就再量了一下，正好是55度、75度和50度，就改过来了。

生 3：那也不对，我们量的 13 号中，不是正好几十五度，确实就是 47 度和 73 度。

生 5：我们也有加起来不是 180 度的，14 号三角形就是 182 度，但我们认为剪出来的三角形有误差，觉得还应该是 180 度。

师：看来还真有量了之后加起来不是 180 度的三角形，但你们竟然都自动消灭了这个数据？

生 6：我们认为用量角器量并剪出来的三角形，是做得非常粗糙的。

生 7：测量的时候可能有偏差，加起来的结果都在 180 度附近，所以我们觉得应该还是 180 度。

师：我很欣赏生 6 的说法，我们的操作是比较粗糙的，所以量出不是 180 度的结果的原因，可能是操作中的误差造成的。想一想，现在我们能确定三角形的内角和真的是 180 度吗？

生 1：基本可以确定就是 180 度。

师：用了“基本”这个词，说明你们的态度比较谨慎。

生 2：我们量了这么多三角形，都是 180 度或在 180 度附近，应该是 180 度吧。

生 3：我们没有找到确定不是 180 度的情况，除非找到了，才能说三角形的内角和不是 180 度。

师：大家交流的信息量很大！有两个疑问，一是没找到确定不是 180 度的，能否就认同三角形的内角和是 180 度？二是我们刚才验证了那么多三角形，但并没有穷尽所有的情况，该怎么办呢？

生 1：借助更精密的仪器或者其他办法，找更多的例子去验证。

生 2：肯定找不完，得想其他办法。

师：今天同学们主要采用了测量的方法来验证，也有借助长方形、正方形的角去推理的。用更精准的方式继续测量，是一个办法。那推理呢，是不是也可以继续下去呢？（逐个呈现下图）

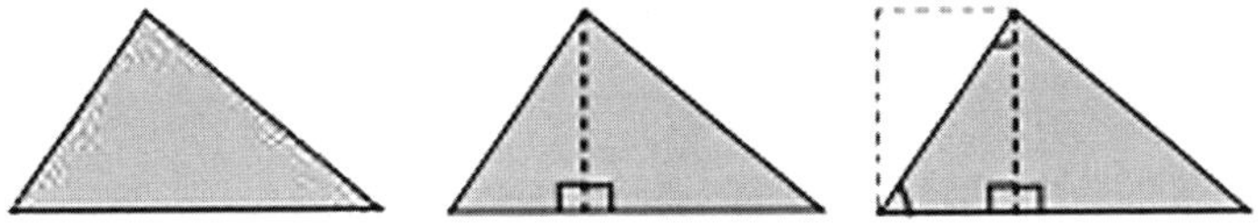

师：现在你想到什么？

生：每个直角三角形内角和是 180 度。

生：现在分成两个直角三角形，就是 360 度了，两个直角构成一个平角，去掉之后就还剩 180 度。

（教师呈现以下动画过程并问学生是否是这个意思，见下图）

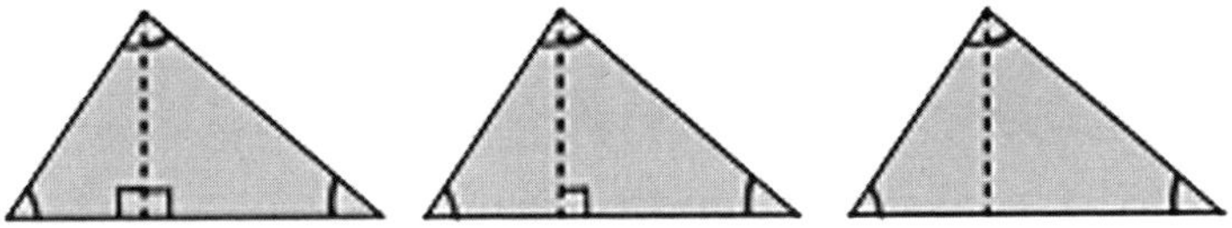

师：这么一来，还需要再举不同的例子吗？

生 3（边画图演示边讲）：不用了，所有没有直角的三角形都可以这么分成两个直角三角形。

师：要知道，你们刚才的思考跟一个大数学家帕斯卡的想法不谋而合。现在，我们能确定“三角形的内角和是 180 度”了吗？

（学生肯定。）

【应用拓展，深化理解】

① 小问号：一个三角形中可能出现两个直角吗？两个钝角呢？

学生辨析并阐述理由。

② 小应用：计算下图三角形中未知角的度数。

对于四年级学生而言，用量、拼等操作方式验证三角形内角和的度数，是具有普遍性的基本方法。如此，就带来这样的问题——量一量、算一算后就一定能获得和为 180 度的结论吗？如果全班几十个学生操作后的结论完全一致，这意味着什么？是虚假操作，还是面对误差时的理性“纠正”？显然，这样的过程，蕴含着体悟科学精神的教育契机。细品文中学生自动“消灭”了内角和不是180度情况的理由——“老师给我们的角应该正好是几十五度或几十度的”“测量的时候可能有偏差”，显然，这是源于两种探究态度及认识而产生的。前者是应予以矫正的，后者则是要放大明晰的。两种不同的回应态度及策略，其宗旨都指向让学生“实事求是、基于真实做出合情判断”的体悟。

由一类事物中的部分对象所具有（或不具有）某种属性，而判断该类事物所有对象都具有（或不具有）某种属性，一般情况下，结论往往都是正确的。这也是不完全归纳法成为归纳推理中最为常用的一种方法的主要原因。但在具体主题的探究过程中，应用不完全归纳法并体会其推理合情性的同时，辩证认识到它的局限性，这有助于培养学生思维的深刻性与缜密性。为此，在“三角形内角和”这一教学内容中，笔者反复以“到此为止，能否确定三角形的内角和就是180度”之类的话语，让学生意识到当下结论归纳的“不完全”，并以此走上寻求尽可能“完全”的探究之路。虽然他们往往在寻找不同的例子，难以在方法上突围，且例子的丰富也似乎没有实质性的飞跃，但就在寻求“不同”的过程中，他们对不完全归纳法可能存在“危险”的意识逐渐清晰，为推理方法的产生提供了“生长的土壤”。

数学的思维，其本质是推理（史宁中教授语）。在逻辑推理的两种类别（从特殊到一般、从一般到特殊）中，主要有归纳、类比、演绎等推理形式。归纳的过程，是“通过条件预测结果（或通过结果探究成因）”的过程。学生例举并测量“三角形内角和”的探究过程中，“例举了哪些”以及“怎么验证”是促进思维生长的关键。有趣的是，借助正方形（长方形）推导出直角三角形的内角和是180度，往往是一部分学生的“第一思考”。而此时，由不完全归纳向演绎推理，其实也就只剩“一张未捅破的窗户纸”。基于学生的认知，笔者补充了帕斯卡的推理过程，给部分学生提供了一个“伸出窗外”的机会。相信它的呈现，一定会为学生的思维提供一个新的生长空间。

（六）实践观点六：对话中去芜、存真——以“多边形的内角和”为例[①]

从本质上说，教学应该是一种对话活动。然而，并不能将课堂中的“讲话”“谈话”“讨论”简单地等同于“对话”。对话是一种主体间性的活动，建立在对话基础上的是宽松的氛围、平等的人际和彼此的信任、理解与尊重。理解是对话的前提，对话以理解为基础，并通过理解达到视界的融合；理解也是对话的归宿，对话的目的就是在相互理解的基础上克服视阈局限，扩大视界，促进双方共同完善和提高。真正的对话，总是伴随着创造的火花与睿智的思想。理趣数学的教学实践，其小伙伴学习方式，就是要在对话中让学习真正发生。

如此，在对话的场域里，如何让所有参与者保持开放的心态，愿意听取来自各方不同的声音，愿意变换视角，从他人的角度看待问题？即便彼此意见相左，也能以“我不认同你的观点，但我誓死捍卫你说话的权利”的心态，尊重差异，尊重多元，这是对话的基础环境。这样的环境，让学生有安全的心理氛围表达“不同”的想法，让学生有悦纳的心态接纳“不同”的想法，让学生有倾听的姿态理解不同的想法。同时，我们也要深切认识到，这样的对话过程一定是真知灼见、灵机妙法与混乱错误一同展现的过程，学生的自我更新与重构就在对话与理解中实现清晰与深刻。“多边形内角和”这一教学内容，因其经验之多元、探究之多维，让对话中的去芜、存真更显其价值。

1. 聚焦课题，反馈前置性思考

【回顾中聚焦】

师：今天我们将共同研究多边形的内角和，在这之前我们已经研究过三角形的内角和（出示动态变化的三角形），这些三角形形状不同，大小不一，

① 余颖．在对话中聚焦、去芜、生长［J］．江苏教育．2019，1：49-52.

但是内角和却相同，都是 180° ，好神奇！我们是怎么得出这个结论的？

> 交流前置性小研究 1
>
> “多边形内角和”小研究
>
> 班级________姓名________学号________
>
> 回想一下，关于“三多形的内角和”，我们是怎么研究的？采用了哪些方法研究得出“三角形内角和是 180° ”的结论？

生 1：把三角形的角都剪下来，然后拼在一起就是 180° 。

生 2：可以先量出 3 个角的度数，然后加在一起。

（师板书：量、拼）

【分享中明晰】

（1）研究四边形的内角和

师：带着这些经验，由三角形推及至其他的多边形，大家思考这个问题的时候，准备从哪儿着手研究？

> 交流前置性小研究 2
>
> 研究了三角形的内角和，我想到，还可以研究哪些多边形的内角和呢？从哪儿着手研究？怎么研究？理一理想法，把尝试研究的内容和过程用你认为合适的方式写下。

生：从三角形开始，到四边形、五边形，慢慢地把边数加多后一种一种地研究。

师：我注意到，你们的小研究中的想法跟他基本都一样，但是该怎么研究呢？此时大家的想法就开始不一样了。那么，我们不一样的地方在哪里呢？我们有必要交流交流。按照我们研究的顺序，依次交流你是怎么研究四边形、五边形、六边形的。

小组交流

① 四边形的内和角，我是这么研究的____________。

② 五边形的内角和……

③ 六边形的内角和……

（学生小组交流后集体交流。）

师：（了解四人小组交流的情况后）四人想法有不一样的吗？讨论后达成共识了吗？没达成共识的也没关系，待会儿我们全班再来一起讨论。

（师出示下图。）

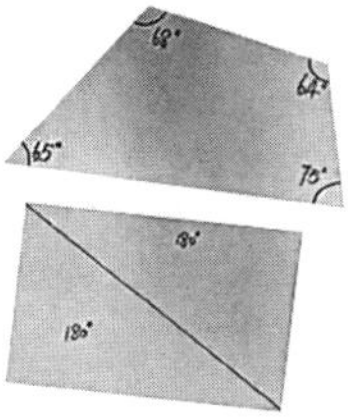

生 1：可以把一个多边形分成若干个三角形，三角形的内角和是 180 度，然后看分成的三角形有多少个，再乘以 180 度。有谁想跟我交流？

生 2：一开始，我们小组想到了跟你们一样的方法，就是分成若干个三角形。但我有一个疑问，你们把那个长方形分成了两个三角形，可是你可以再加一条线把它分成 4 个三角形，那么内角和就变了。（操作示意见下图）

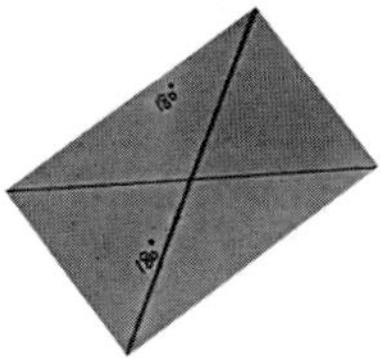

师：谁来接招？

生 3：如果按你的说法再添一条线，它中间就会形成一个多余的周角 360 度，而不加这一条线的话，则没有多余的角，正好是两个 180 度。

师：我没太明白，多了一个周角我懂了，但现在这个长方形的内角和到底是多少？

生：360 度。

师：不是多了一个周角吗？

生 3：是分成 4 个三角形的时候才多一个周角。

生 1：4 个三角形的内角总和是 720 度，减掉中间的 360 度，剩下来的角就正好是长方形的四个直角。

师：按他这个说法，如果用一个算式表示，该怎么写？

生 4：用（4−2）×180°。

师：怎么会 4−2 的呢？

生 4：减去中间那个周角正好就是两个 90 度，所以就直接减去两个 90 度。

生 5：4 个直角，看上面标的。4 个三角形，一个的内角和是 180 度，减去中间多的周角，720°−360°，算式应该是用 4 个三角形的内角和 180°×4，再减去中间的周角 360 度。（师板书算式：180°×4−360°）

生 4：不应该是（4−2）×180°吗？

师：你们有人想跟他交流吗？

生 6：你这个算式应该是另外一种方法、另一个思路。

师：对，我们知道他有他的想法，只是算式并不代表现在我们讨论的这一种方法的思路。你的思路，可以先自己理一理，待会儿再拿出来讨论。谢谢你提示我们，课堂的交流一定要聚焦大家正在讨论的内容，自己的想法可以等这件事讨论完了再抛出。这一组请继续。

生 7：我觉得也可以用最原始的方法，就是把每个角都量出来，然后再加到一起算出内角和。当然还应该多找几个四边形，量出它们的每个角再加起来。

师：她的信息量有点大，你们听明白了吗？听明白了什么？

生 8：她就是说量出多边形每个角的度数，然后加起来算出这个多边形的内角和。

师：回想一下，他们这一组的第一种方法是在干什么？

生 9：拆分，把这个四边形分成了两个三角形。

生 10：也可以用拼的方法，把每个角撕下来拼在一起。

师：量和拼都是前面我们研究三角形时积累的经验，今天又出来了一个“分”，这时候我们是不是可以去比较一下这三种方法？你觉得这三种方法都差不多，还是哪个方法特别好呢？

生 9：我觉得分比较好，因为分就只用线把它分成三角形，比较方便。如果量的话，一量错就全部错了。

生 11：我认为分固然是好的，但是分得不好的话就容易像刚才一样分出多余的角来。

生 12：我也觉得分错就会突然多出来一个角，量的话只要认真一点，或者多量几次再仔细一点也是可以的。

师：分的话，分错了吗？其实没错，只是多出来了角。

生 13：多出来的角只要减掉就是了。

师：那量呢？

生 14：量倒是有可能量错，需要我们细心一点。

师：我注意到刚才这位同学在介绍量的时候还特别说了一段话，要“多找一些多边形来量一量”，为什么要多找一些来量？

生 15：你只量这一个的话，就没有太多的证据，需要量更多的四边形才能确定。

生 16：四边形有各种各样的，四个角可能是不一样的，就要都去量一量。

生 17：我觉得分就比较简便，还不会错。四边形不管长什么样、有多大，都可以被分成两个三角形，三角形内角和为 180 度是固定的，所以四边形内角和就是固定的。这样就不用担心会量错、会拼得不准，也不会算错了。

（集体回味，明确意思后认同。）

师：这样的话，可以怎么写算式？

生：都可以用 2 乘 180° 等于 360° 。（教师板书：2×180° ）

（2）研究五边形的内角和

生 1：研究五边形的内角和也可以用量、拼、分的方法，就是边越多越难分，可能分不准。

生 2：我觉得分的话，主要是从一个点出发，不能乱。

师（引导学生结合图形聚焦理解）：他刚才说的发言当中有你特别欣赏的吗？

生 3：我觉得你说分角，特别是讲到遇到五边形以上的时候，一定要从一个角出发向其他角来分，这一点你说得非常好。因为刚刚我们小组在分八边形的时候也发现了，如果随意分的话很可能多分出角，从一个角出发向其他角分就不会。

师：同意你的观点，按这样的方法分，五边形就分成了几个三角形？

生：3 个三角形。

师：那它的度数是多少？怎么得出来的？

（学生回答后板书算式。）

师：刚才他们说到了也可以去量，我很好奇，这会儿有没有人愿意再去量一量？为什么都摇头？

生 4：量 5 个角有些麻烦。

生 5：去量 5 个角也可能会量错，但是“分”不会，每个五边形都会分成 3 个三角形。

（聚焦确认）

（3）研究六边形的内角和

师：现在你们都一致认同用分的方法了？好了，到了六边形，怎么弄呢？

生 6：六边形也可以用分的方法，就像这样把六边形分成 4 个三角形（在投影下操作），每个三角形的内角和都是 180 度，4×180° =720°，这就是六边形的内角和。

（学生鼓掌一致通过。）

2. 回顾整理，生成探索新问题

【聚焦方法】

师：看来你们都不愿意再去量了是吧？研究到这儿，我们有必要停下来回顾一下我们的研究过程。研究三角形时，我们用了量和拼的方法，到四边形就增加了一个分的方法，再到五边形、六边形，大家就只愿意分了，能说说为什么会这样变吗？

生 7：如果再用量的话，一是角太多容易量错，加的时候也容易加错。拼的话，从四边形开始，后面的都已经超过 360 度周角了，就不好拼了。

生 8：我觉得量和拼还是可以的，就是麻烦，分是最保险的方式。

生 9：只要抓住一个角分，就能分成几个三角形，所有的内角和加起来就是这个多边形的内角和了，算起来很方便，也不会错。

师：借助三角形内角和 180 度的结论，把一个多边形变成若干个三角形来算内角和，这就是转化的方法（板书：转化）。如果再继续往下研究，你准备怎么办？

生 10：都把它分成若干个三角形。

生 11：我觉得如果是更多边形的话，一个一个分也有些麻烦了，我们可以根据现有的这些算式直接算出来。

师：不得了！如果现在不分了，我们遇到七边形、八边形、十边形、二十边形怎么办？

生：算。

【探索规律】

师：怎么算呢？显然，我们要去寻找这里面的规律，四人小组头脑风暴看看这里到底有什么规律？

（四人小组合作研究后组际交流。）

生 1：我们发现多边形的边数越多，分的三角形也越多，数的时候可能会数漏。我们通过前面这些算式可以发现，四边形能分成两个三角形，五边形能分成 3 个三角形，而六边形能分成 4 个三角形，我们发现分出的三角形数就是它的边数减掉 2（展示不同的多边形分割图），那么，假如再算一个七边形的话，我们可以用算式（7−2）×180° 得出它的内角和。

生 2：这个 7 还可以换成其他的多边形，我觉得公式是可以套用的。

生 3：也就是说，这个公式是（边数 −2）×180°。

生 2：请你再说一遍。

生 3：（边数 −2）×180°。

生 2：大概就是这个意思。

师：大概就是这个意思?

生 2：就是这个意思。

师：你们都认同就是这个意思? 认同的请举手，对这个说法有所保留的请保持不动。果然，有人有疑惑，请提问。

【聚焦明理】

生 4：你这个减 2 是从哪儿来的?

生 2："减 2"就是根据四边形、五边形、六边形找出的规律，它们被分成的三角形数量就是它的边数减 2，就是这个"2"。

生 4：我们可以利用图（见下图）来说明，比如六边形中有两个角（下图箭头所指），是连不了线的。

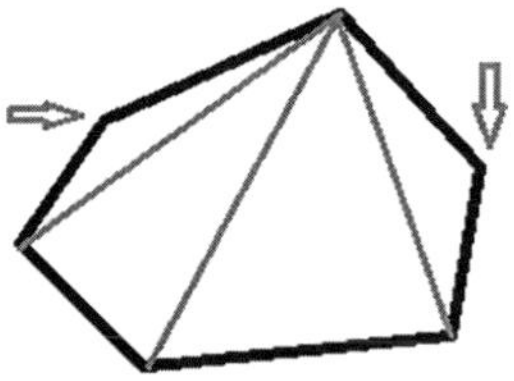

生 2：我们没听懂，谁来解释一下?

师：谁理解他的意思?

生 5：他就是说我们减 2 是把没画的那两个减掉了，同步三角形就少算了几个。其实我们减 2 是按规律推出来的，比如说六边形它有六条边，如果把它分成三角形的话能分成 4 个，比它的边数少 2 个，所以我们减的 2 其实是 6 减 4 等于 2。

师：你的意思是这个"2"是观察多边形的边数和分成的三角形的个数比较出来的，边数跟分的三角形个数之间相差 2，是吧? 这个发现其实在他（指

生 4）课前小研究中就已经写出来了，你们想不想看？（出示下图）

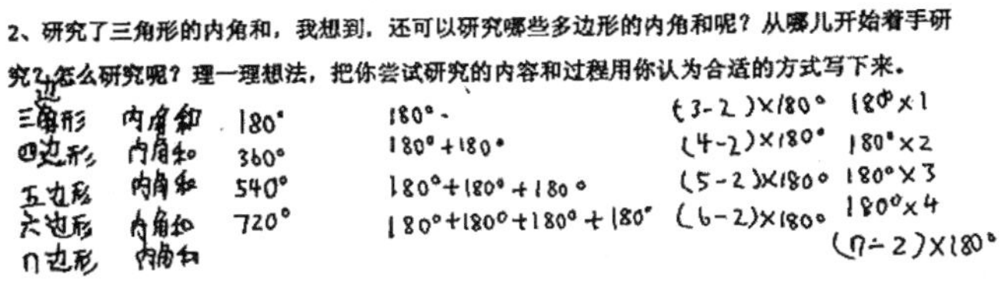
2、研究了三角形的内角和，我想到，还可以研究哪些多边形的内角和呢？从哪儿开始着手研究？怎么研究呢？理一理想法，把你尝试研究的内容和过程用你认为合适的方式写下来。

三角形　内角和　180°　180°　(3-2)×180°　180°×1
四边形　内角和　360°　180°+180°　(4-2)×180°　180°×2
五边形　内角和　540°　180°+180°+180°　(5-2)×180°　180°×3
六边形　内角和　720°　180°+180°+180°+180°　(6-2)×180°　180°×4
n边形　内角和　(n-2)×180°

师：瞧瞧，我们刚说的这些，对他来说早就不是问题了。那他刚才说的话，是要你们关注什么？想想他怎么问的？

生 6：这个点要和其他的连线，旁边两个点是它本来就连了的，所以要减去 2。

生 7：除了这个点以外还有 5 个顶点，可是有两个顶点是连不了的，它们之间本来就是有线的，所以就连出了减 2 个数量的三角形。

师：两个顶点连不了，就造成了三角形的个数少了 2 个，这个解释真不错。感谢小孙（指生 5）带领我们走进了这样的思考，不仅发现规律，还要理解规律。这是一种解释，我相信不只有这一种。刚才第一小组那个连了对角线的图形呢？请送上来（见下图），我把它“隆重”地留在屏幕上，跟小孙的思考摆在一起，想一想，我们去解释为什么减 2 时，还有没有其他的角度呢？

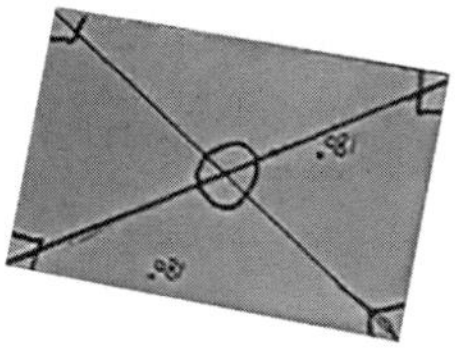

3. 总结反思，提炼方法和经验

师：今天我们对多边形内角和的研究看似已经结束了，大家都已经知道不管是有多少条边的多边形，要算内角和，还要不要再去分了？

生：不用了，只要用边数减 2 再乘 180 度就行了。

师：掌握了这个就好了吗？回想刚刚过去的这几十分钟，你觉得最重要、值得牢牢记住的是什么？

生 1：我们先是画画剪剪，然后慢慢地就不用了，只要找到规律就行了。

生 2：我们不只是发现了规律，还要想想为什么有这样的规律。

生 3：我觉得今天分的方法很重要——怎么分能不乱？它能帮助我们发现规律。

课堂中的“对话”，在情感上，往往是人文的，充满鼓励、期待与挑战；在信息传递上，是快捷、准确，富含启示功能和引导功能的；在氛围布设上，总是将疑惑、愤悱、矛盾、激励等放在了优先考虑的位置。数学课中的“对话”还要兼顾数学的学科特质，说“数学的话”。用数学的眼光，敏锐地捕捉数据，洞悉现象中的规律，并用最凝练的方式予以表达，这是说“数学的话”；以探究的视角，不仅发现“其然”，还要追究“其所以然”，借助数与形去解释去溯源，这更是说“数学的话”。

本节课以研究经验的唤起为基础，逐步聚焦研究思路及方法。学生的“横枝乱岔”（如四边形加两条对角线后内角和就不是 360 度了）和对原有经验的“坚守”（如认为“量”“折”的方法比“分”好）以及“放弃”，展现出他们在对话中认识的深入与重新建构。此时，教师只需要以“重复”“装傻”“追问”等技巧，完成“聚焦问题”“放大认知差异处”“凸显理解全过程”，直至去芜、存真，达成思考的准确与深刻。

不可忽略的是，对话这一“流淌在人与人之间”的终极意义，是促进身处其中的每一个人的自我对话与重建。因此，课堂中的对话，往往要以学生的自我回顾与反思收尾。这不仅是保持课堂教学结构完整的“套路”，其深层意义指向的是主体的自我建构，实现真正的生长。

二、教学小节：夯实“四基”的设计

数学因其知识体系的强结构性，认知内容的也往往以包含、并列或交叉的关系有所勾连。基于此，教材的教学单元也基本由相关联的教学小节组成。大单元的整体教学设计，往往是跳出课时建议，以教学小节为单位的整体考量。比如小学阶段最为“普通”的数的计算，一般而言，无论是整数、小数还是分数的计算，每一个单元都涉及若干小节的教学内容。比如“小数乘除法”单元，就涉及小数乘整数、小数乘小数、小数除以整数、小数除以小数，以及乘除法计算中内隐的积和商的变化规律等。依据不同的知识逻辑，组成教学单元的教学小节有所不同，但类似这样的教学单元，一定是由教学小节这样的基本单位按一定逻辑组成的。因此，在进行教学设计时，需基于学情从整体视角考虑每一个教学小节及彼此间的关联，来确定整个单元的教学逻辑及流程。下面就以“商中间或末尾有0的除法”这一个教学小节内部内容的整合与筛选来具体阐述设计的重心。

这是笔者在与年轻教师研讨“教学质量（应涵盖‘四基’）如何夯实于日常每节课的40分钟”这一话题时，借年轻教师的班级执教“商中间或末尾有0的除法”所呈现的教学过程。3个课时涉及数学结论的概括、计算新知的掌握以及练习巩固与提升。聚焦这类家常课的研讨，旨在与团队成员共同厘清以下几个关键问题并探寻教学之策[①]：

其一，提质增效的“质”与“效”，应有哪些维度的考量？何以体现？《数学课程标准》中提出的“四基”昭示着我们，对教学素材的把握，既要让认知掌握与技能习得落到实处，又要同步追问“掌握、习得之下的素养体现在何处？如何通过适当的活动积蓄经验、体悟其中的思想与方法？”等问题。本节教学内容属于数的运算领域，需要考虑“如何提升数感、提高运算能力、发展抽象概括和推理的意识及能力”，这些是在明晰算理、习得算法中需要探寻如何于点滴中落实的必备任务。

其二，据此目标，如何用好教材及配套教学资源上的例题和练习？经验累积、方法体悟等都得依靠个体的自主尝试、探究、操作与思考。显然，开放性问题与任务以及板块式的教学是保障其得以落实的“标配”。如此，教师在“恒定”的40分钟课堂内，要让学生得以于横向勾连比较中融通、纵向顺势生长中推进，对资源充足的教材与教辅进行精选、精加工是教师必备的基本功。“精选”意味着要在吃透教学目标、重难点，准确把握学情的基础上去芜存菁。“精加工”则意味着在厘清素材功能价值的基础上，须遵循认知规律，用好变式，从而帮助学生厘清认知，发展思维。

①余颖.提质增效于日常［J］.小学教学（数学版）.2022，7-8：76-81.

其三，全员卷入、动静结合的实操、练习与思考，可以怎样去组织？班级授课制下每一个个体的学习成长，须以适切的任务驱动和教学组织，确保全体学生以“适度紧张”的状态始终“在课堂中”。如此，任务设计上，依据变式规律在“问题串”中帮助厘清，基于开放中的差异引发比较、促使深化等，都是教学设计的重中之重。时间维度上，独立静思、互动交流、“包袱”激思、竞争 PK、游戏互动等环节上的动静交替、点面交互，也是教师以“保持专注”为核心进行学习节奏和方式考量的主要内容。教学技巧上，如视、听算等信息输入方式的交替运用，规定时间内练习的竞争意味，全员用手势集体反馈的形式以及落到纸笔上的过程展现等，也都是让“每一个”经历实实在在的学习过程的教学“小窍门”。

基于以上思考，有了以下三个课时的重新确定。

（一）第一课时

1. 依据含义得结论

（1）尝试寻理解释

（师板书：0÷5=）

（学生齐报答案“0”。）

师：会思考的孩子绝不会只知道等于几就 OK 了，一定会去找找理由，说清楚为什么等于 0？

（学生同座交流后集体交流。）

生 1：0 表示什么都没有，所以 0÷5 还是没有，0÷5=0。

生 2：0÷5 表示 0 里面有几个 5，0 里面没有 5，所以得数是 0。

生 3：我来举个例子，比如你有 0 个棒棒糖，要平均分给 5 个小朋友，本来就没有，所以每个小朋友什么也分不到，那就是 0。

（达成共识：联系这个除法算式的含义，可以确定 0÷5 确实等于 0。）

（2）拓展概括结论

师：0÷5=0，由此我们还可以想到哪些算式？ 0÷6？ 0÷7？

（学生确定答案后，联想举例不同的算式。）

生 1：也就是 0 除以任何数都等于 0。

（全班表示认同。）

师：真厉害！一句话就把这大家说不完的算式都概括进去了。那么，数学家是不是也是这么确定的呢？看看数学书第 64 页上是怎么表述的。

（学生读过课本内容后，共同确认：不是“除以任何数”，而是“除以任何不是 0 的数”，也就是说 0 不能作除数。）

师：是的，0÷0 不在我们的讨论范围内，我们刚才的解释可以说明 0 除以任何不是 0 的数，结果都是 0。

生 2：我觉得我能解释，除数 0 就表示平均分成 0 份，本来就是分，怎么好平均分成 0 份呢？所以它没有意义。

师：有道理！当然，随着我们以后的学习，这其中的道理还可以有更充分的解释。

2. 聚焦算理知算法

（1）自主尝试

（出示课本例题 9，见下图）

⑨ 星光小学 306 名男生表演团体操，每 3 人托起一个火炬，一共需要多少个火炬？

（生读题后依据题意列出算式：306÷3=。）

师：看到这个算式，你一下子想到什么？

生 1：就是算 306 里有几个 3。

生 2：得数是 102。

师：你一下子看出得数了？了不起！你们都认为得数一定是一百多一点儿吗？

（学生都认同。）

生 1：百位上是 3，3 个百里面有 100 个 3，所以肯定是一百多。

师：那是不是 102 呢？你能把计算过程写出来再确认吗？

（生独立尝试，写出计算过程后小组交流。）

（2）交流比较

（全班反馈，展示学生不同的书写过程，见下组图）

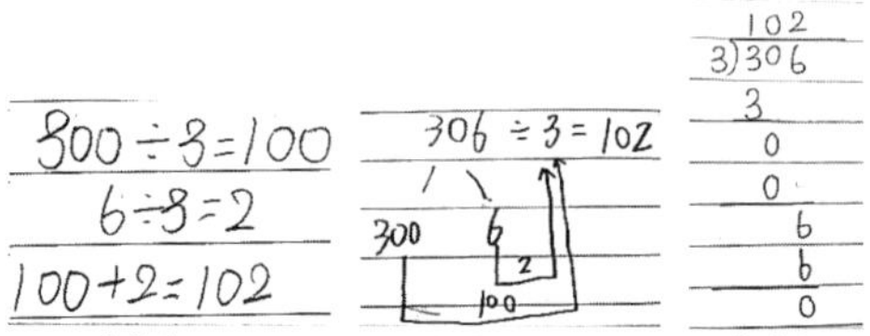

方法 1　方法 2　方法 3

比较：几位同学用不同的方式展示了自己是怎么算的，比较一下，他们的计算过程究竟相同不相同呢？

明确：都是从百位算起，先看百位上有几个 3，十位上是 0，0 除以 3 商 0，最后算个位上 6 除以 3 等于 2。

【简析】基于自主尝试呈现个体计算过程的教学板块，旨在辨析、寻同、勾连中明晰算理，为依据算理简便算法提供自我优化的合“理”支撑。

（3）简便算法

师（结合上图方法 3，聚焦问题）：除法竖式中，这十位上的 0 除以 3 商 0，0 乘 3 得 0，0 减 0 没有剩余，算来算去都是 0，有必要把这么多 0 都写下来吗？

生 1（示意商中间的 0）：有必要的，不写 0 的话，商就变成 12 了，十位上必须写 0 占位。

生 2（示意每一步的 0）：每个 0 都是一步步计算出来的结果，当然都得写了。

师：说得很有道理！一步步稳扎稳打依次算下来，是确保我们计算正确的法宝。不过啊，今天的这个竖式，中间这一层的两个 0，大家计算时一般却不写了，能想通这是为什么吗？

生 3：哦，0 除以 3 是 0，0 乘 3 也是 0，0 减 0 还是 0，算来算去都是 0。

师：对啊，这里的关键是什么？

生 4：0 除以任何不是 0 的数都得 0。

生 5：被除数是 0，商就是 0，乘了再减，反正都是 0。

师：是啊，既然什么也没去掉，那这里的两步可以省略吗？

（集体认可。）

师：但是，计算这样的十位上的商时，有一个地方是需要特别注意的，你发现了吗？

生 6：商的十位上不能忘了写 0，省的只是 0 乘 3 得 0、0 减 0 还是 0。

生 7：我还有个提醒，因为十位上是 0 去除以 3 的，所以十位上的那个 0 也不需要拖下来了，直接在商的十位上写 0 就可以了。

（集体认同后，全班共同书写竖式运算的完整过程。）

3. 引发思考抓关键

（1）思中明晰

师（抛出问题）：被除数中间有 0，商中间一定有 0 吗？

（四人小组交流想法，并举例说明。）

生 1：我们小组都认为不一定，比如 103÷3，十位上是 0，但商里面并没有 0。

师：有意思，这时候商的十位上为什么不是 0 了呢？

生 2：他们这个例子中，十位上不是算的 0 除以 3，而是 10 除以 3。

生 3：我们的例子跟他们差不多，是 305÷5，十位上算的是 30 除以 5。

师：商也是两位数，能不能就着他们的题目，稍微改动一下，变成商是三位数，但中间确实也没有 0。

（同座交流后，学生举例：605÷5、705÷5、403÷3……）

师：真厉害！这些例子中，被除数的中间都有 0，但商的十位上怎么都不是 0 了呢？

生 4：百位上有余数，所以算十位时，就不是 0 去除了，而是几十在除，商当然就不是 0 了。

（2）练中体悟

择一题 605÷5，共同用竖式运算。

4. 尝试练习促迁移

（1）独立试算

师：这被除数中间是 0，就带来了这么多不同的情况，那如果 0 在被除数的末尾，又会怎样呢？你会列竖式计算吗？

（学生独立试算“试一试”第 1 题：480 ÷ 4。）

（展示学生不同的竖式，比较明晰关键和运算步骤。）

（2）练习巩固

“试一试”及“想想做做”中挑选的 3 道题：350 ÷ 5、906 ÷ 3、800 ÷ 5。

（二）第二课时

1. 比较中生发现、蕴数感

（1）视算练习

按题组逐题出示，学生看算式直接写得数。

第一组：12 × 4　12 × 5　12 × 6　12 × 7　12 × 8

第二组：25 × 2　25 × 3　25 × 4

第三组：15 × 2　15 × 3　15 × 4　15 × 5　15 × 6

第四组：60 ÷ 5　70 ÷ 5　80 ÷ 5　90 ÷ 5

按题组，逐组核对答案。

（2）积蕴数感

核对第三组后，师追问：有什么发现？

生 1：得数个位都是 5 或 0。

生 2：15 乘 2 是 30，4 个 15 就是 2 个 30，6 个 15 就是 3 个 30。

生 3：乘双数，个位就是 0，乘单数，个位就是 5。

核对第四组后，师追问：有什么发现？

生 1：除数都是 5。

生 2：被除数加 10，商就加了 2。

师：这个发现有点意思，为什么会这样呢？关键是什么？谁来敲个重点？

生3：因为10除以5等于2，所以商就依次加了2。

生4：10里面有2个5，被除数多了10，商就多了2。

师在第四组算式中逐一圈画（见下图），并追问：这么看，又发现什么？

⑥0÷5=12　　⑦0÷5=14　　⑧0÷5=16　　⑨0÷5=18

生5：6×2=12，7×2=14，8×2=16，9×2=18。

生6：商都是被除数十位上的数的2倍。

生7：原因跟刚才（生4）的一样，1个10里面有2个5，60有6个10，那就有12个5。

师：瞧！简单的练习，多去看一看、想一想，就有了新发现，有了发现还不够，还要想一想理由，这就是会学习、会思考的表现。

【简析】中年级聚焦常用的两位数与一位数相乘除的练习，表面上是为了计算技能在常练中得到夯实，实则亦可在对比聚焦中增强对数与计算的敏感性。学生的数感于日积月累中提升，这就是数学素养的提升。

2. 交流中明算理、懂算法

（1）独立尝试解决

师出示课本例题10（见下图）后，学生理解题意，列出算式并简明阐述列式的理由。

⑩ 星光小学432名女生表演团体操，每4人托起一个花环，一共需要多少个花环？

学生独立尝试用自己认为合适的方式计算出432÷4的结果。

四人小组交流：

①介绍：每人轮流用最简明的话语讲清楚自己的计算过程。

②确认：每人介绍完毕，小组确认算法是否正确。如果有错，修正后再继续。

③比较：四个人的算法是否一样？有什么相同和不同之处？

（2）集体交流明晰

师（征询）：有没有大家想法不一样、讨论后组内仍然有分歧的小组？（指名该组与大家交流）

生 1：我们小组 4 个人的计算中 3 个人算的都是 108，（生 2）先算的是 180（见下图 1），后来接受我们的意见，知道自己错了。我和（生 3）也都是用竖式计算的，我是这样的（见下图 2），他比我多了十位上的这一块（见下图 3），我觉得没必要，但他说的也有道理，我们就不知道谁对了。

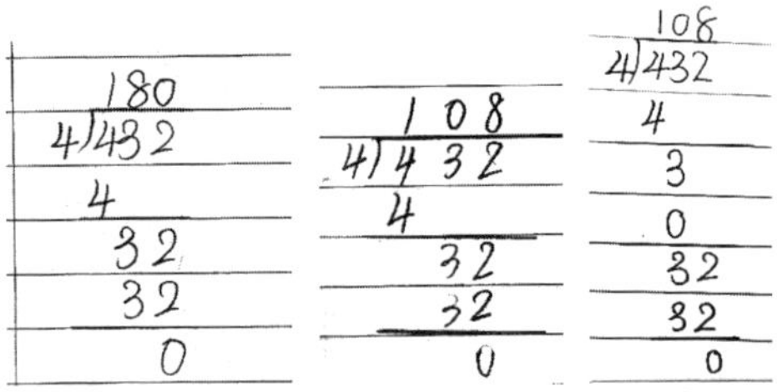

图 1　　图 2　　图 3

师（追问）：（生 3 的）道理是什么？

生 1：他把十位上的 3 拖下来后，3 除以 4 不够，十位上就写 0，他觉得要再算 0 乘 4 等于 0、3 减 0 等于 3，要把每一步写下来，我觉得不对。

师（追问）：这（指上图 3）十位上的每一步计算，错了没？

生（明确）：没有错，分歧只是在于是否需要写出 0 乘 4 得 0、3 减 0 得 3 这两步的结果。

师（讨论）：如果这两步不写，是否可以？为什么？

集体交流明晰：因为 0 乘任何数还是等于 0，一个数减去 0 没改变大小，所以商 0 后，可以把十位的数直接作为余数给个位继续除。

聚焦简便的竖式计算过程，共同演算。

突出强调：十位商 0 后，这里的 3（示意竖式中拖下来的“3”）就变成了没有分出去的 30，交给个位，跟 2 一起去算个位的商。

师（引导学生比较）：他们小组这个同学的算法（即用横式分步计算过程，图略），跟竖式相比，有什么相同的地方吗？

生5：都是先算最高位的，400除以4是100。（十位上）3不够，所以就用32除以4等于8。

师：这么看，这个过程很好地解释了我们竖式计算每一步的道理呢，对吗？

师（追问生2）：知道错了及时修正是你会学习的表现。我感觉这个错可能对其他同学也有帮助呢，来！经过这个错，你觉得可以提醒大家什么？

生2：我开始看到3不够除以4，就直接用32去除了，写了8以后发现这儿（指个位）空着，就写0占位了。现在我要提醒大家，要一步步算（商），算到十位不够时，就要及时写0（指商的十位），然后才能再算个位。

3. 练习中会操练、夯技能

师：带着他的提醒，来练几题，看看你是不是能绕过他“栽的坑”。

学生在书上独立完成“试一试”的两道题和“想想做做”第1题的第（3）小题，见下图：

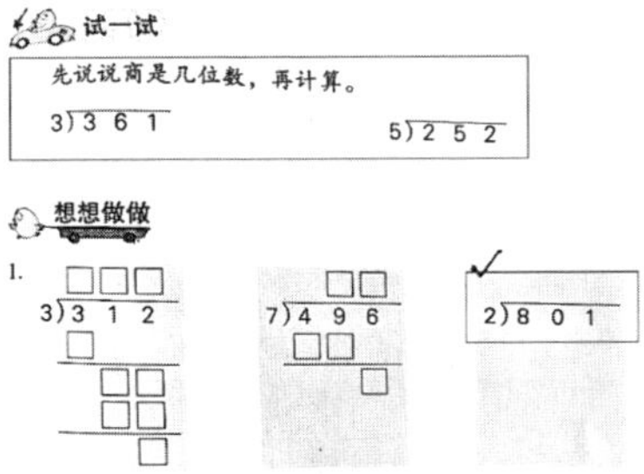

（三）第三课时

1. 专项练习，厘清关键

（1）基础练习

听算：教师报算式，学生写得数。

15×4　　14×5

15×2　　12×5

15×6　　16×5

集体反馈时，逐题呈现，学生核对得数。

师：看一看，比一比，有什么想法或提醒？

生1：乘号前后两个数字调换了位置，算时要注意，不要搞混了。

生2：我有办法，5是10的一半，所以16乘5，16的一半是8，得数就是80，就不会和15乘6的90搞混了。

生3：我有补充，15乘一个双数，得数都是和30有关系，所以15乘6，不可能是80，只能是90。

师：瞧！抓住了5、15这些数的关键，计算时就不会被迷惑了。

（2）针对练习

练习九第1题（见下图），逐题呈现，学生用手势表示商几位数。

先说出商是几位数，再计算。			
645÷8	616÷6	750÷5	286÷7

师（追问，示意上图的第1、2两题）：这两题都是六百多除以一位数，怎么一个商是两位数、一个商却是三位数呢？

生（明确）：商几位数，得看首位够不够商1。

（3）对比练习

学生在课堂练习本上独立完成练习九第2题的1、3两组（见下图）。

480÷4	870÷3	513÷5
408÷4	872÷3	503÷5

要求：计时4分钟，看能否在规定时间内列竖式全部计算正确。

集体反馈后，思考：每组两题放在一起算，是在提醒你什么？

生1：第一组的两道题都有0，这两题都在提醒我们哪一位上算到0除以几，都得记得在这一位上商0。

生2：第三组中513比503大10，10除以5等于2，所以513÷5的得数就比503÷5的大2。

展示一学生的练习（见下图1）：

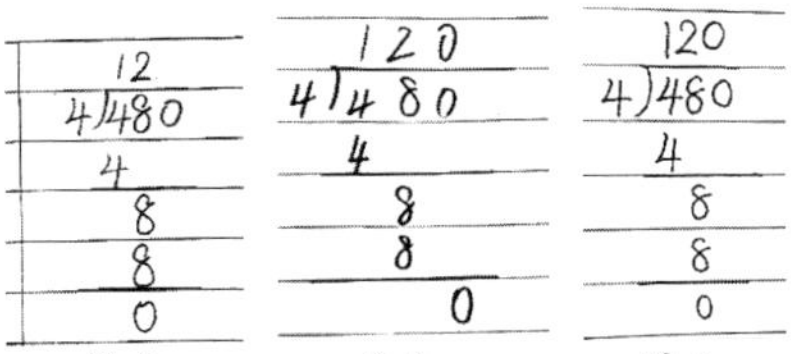

图 1　图 2　图 3

师：这个竖式在提醒你什么？

生 3：（商的）个位不要忘了写 0 占位，不然得数就不对了。

生 4：我知道他为什么忘了，算到这（指十位），8 减 8 等于 0，分完了，他就写了 0，以为结束了，所以就忘了商的个位写 0 了。我给他一个建议，十位分完了，不要急着写 0，而是要看个位，个位是 0，拖下来，商 0，这样才结束，也不会忘了个位商 0 了。（见上图 2）

生 5：我觉得这个 0 最后写在个位下面（指上图 2）有点儿怪，十位上分完了，个位上是 0，那就是全部分完了，只要记得商的个位上写 0，表示个位上什么也没分到，然后就把最后的这个 0 写在十位上就结束了。（见上图 3）

师：两人说得都挺有道理！大家注意到没有，不管这个表示分完了的 0 写在哪一位上，他们的计算过程其实都有一个相同的地方，是什么？

生 6：都是先在商的个位上写了 0，再写最下面的 0 表示结束的。

明确：最关键的是商的每一位都算到，不够商 1 时就要写 0 占位。

【简析】形式上的差异往往成为学生困惑和胶着的焦点，即便非本质问题，但却是他们操作过程中实实在在的疑惑。如何由表象差异引发对实质关键的厘清，促使学生认知上的进一步明晰，是这类看似辨不清的形式问题中所蕴含的价值。

师（追问）：练了这几道跟 0 有关的题，老师突然产生了一个困惑，这商里会不会有 0 出现，究竟跟什么有关啊？

生（明确）：商中是否有 0，取决于这一位计算时是否够商 1，不够商 1 就得写 0 占位，跟被除数中是否有 0 无关。

（4）促思练习

①师出示练习九中思考题第 1 个题。（见下图）

4)8□5

要使商的中间一位是0，

□里可以填几？

独立思考后同座交流——□里可填几？

生集体反馈，齐用手势表示结果，明确可以填0、1、2、3四种情况。

师：之所以填这四个数字使商中间都是0，其实还有一个重要的前提，是什么？

生：百位上没有余数。

②变式

师：这么看的话，如果被除数百位上不是8，十位上却是0（改变见下图），被除数百位上是几，商的十位上一定不是0呢？

4)□ 0 5

（同座交流后，集体明确百位可填：1、2、3、5、6、7、9。）

师（追问）：这是为什么呢？

生：百位上的数，要么比4小，不够商1，要么除以4后有余数，这样十位上就是几十除以4了。

③出示下题

商：0

□)9 □ 1

思考：如果商中间是0，除数可以是几？为什么？

师（追问）：除数是1、3或9，商的中间就一定是0吗？

生（明确）：不一定，被除数中间的数还要比除数小才行。

【小结】要想商的中间为0，得考虑除数和被除数的百位与十位上的数的关系。

④出示练习九思考题第2题的竖式部分。（见下图）

商：0？

3)□ 5 □

思考：商的中间可能是0吗？

生：5 ＞ 3，不管百位上有没有余数，十位上都够商1了，所以商的十位上不可能是 0。

⑤变式（见下）：要使商的末尾是 0，两个方框里分别可以填几？关键是什么？

3⟌□ 5 □

明确：关键在于十位没有余数，且被除数个位上的数比 3 小。

【简析】专项练习之“专”，在于夯实基础、聚焦要点、凸显关键，助推学生扎实掌握、思考精要、思路清晰。

2. 巩固应用，循要提质

（1）理解题意抓关键

①课本第 66 页“想想做做”第 4 题

指定一名学生读题后，明晰重点信息：“都是”“360 厘米”“围成”“每个图形各条边的长度都相等”。

②练习九第 3 题

自读题目后，明晰关键：“最快”“最慢”由每分钟拍球的个数决定，每分钟拍得最多的就是最快的。

尝试寻找：看完表格中的数据，你能一下子找出拍得最快或最慢的吗？为什么？

（2）独立练习，解决问题

在练习本上独自完成以上两题。

三、实践活动：真切经历促思考

综合与实践是小学数学学习的四大领域之一。课改二十多年以来，综合实践领域的内容设置和呈现方式经历了较多的变化，不变的始终是强调在真实的问题解决中，让学生综合运用已有知识、方法去解决问题；强调学生的自主参与和探索；强调在这样的活动中能实现经验的积累、思想方法的感悟和解决实际问题的能力提升。

因此，综合实践活动中问题生发与解决的过程，必然是以方法的寻觅为抓手，当然，这方法包括了思维方法、探究方法等。通过方法的探寻与明晰，促使经验的累积与丰实，获得思维的拔节与生长。现以苏教国标版教材三年级上册综合实践活动“周长是多少”为例，剖展探究活动如何基于学生的个体差异，通过“低起点、大空间”、聚焦“方法”为内核的探究活动设计，促进每一个学生真切经历尝试与改变，实现“自己的”思维生长。

现行教材为这一综合实践活动内容提供了4个活动任务——“拼一拼”“比一比”“画一画”“量一量”，显然，这4个活动都紧扣周长之义，在拼摆、比画中聚焦不规则图形与规则图形的周长，促使学生在完成活动任务中进一步明晰对各种封闭图形的周长及“形不同”但周长一样的图形之间关系的理解。明晰教材中每项活动的意图，辅之以对组织人卷入探究活动所需时间的考量，显然，4个活动任务有整合聚焦的现实必要性。依据教材前期提供的教学与练习活动，关于不规则图形（更准确地说是凹角形）的周长以及长、正方形的拼摆和周长计算与比较，学生都有过不止一次的观察、操练与解决的经历，显然，将4个活动任务整合聚焦也有着充分的可行性。为此，有了“计算一个边长1厘米的正方形的周长、两个这样的正方形拼在一起的长方形的周长、6个边长1厘米的正方形拼出图形的周长可能是多少——周长可能是单数吗？可能是8厘米吗？最长可能是多少？”等的活动设计。这一以算法“打底”，聚焦核心问题——“6个边长1厘米的正方形拼出的图形周长可能是多少”的探究，产生了以下的教学实践。

（1）观察中寻“路”①

师：孩子们，请看屏幕（见下图）。这个正方形，你准备怎么介绍它？

生1：这是一个边长为1厘米的正方形。

师：好，边长1厘米的正方形的周长是多少？

①余颖．聚焦方法厚经验［J］．小学教学（数学版）.2020，7-8：127-131.

（生齐答 4 厘米。）

师：两个正方形“啪”拼到一起（见下图），现在形成了一个什么？（生齐答长方形。）这个长方形的周长是多少？你是怎么考虑的？

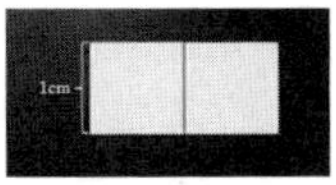

生 1：因为一个小正方形的边长是 1 厘米，而这个长方形的长是由两个小正方形的边长组成的，所以是 2 厘米。我们列一道式子（2+1）×2=6（厘米）。

（全班鼓掌。）

师：考考你是不是真的听明白了。这两个正方形（见下图）代表边长 1 厘米的正方形，谁能什么话都不说，只是上来摆一摆、指一指，就能把她（指生 1）的意思表示出来？

（一名学生上前指，先指出一条长和一条宽，然后指了剩下的两条。）

全班认同后板书算式：（2+1）×2。

师：还有不同的算法吗？

生 2：2+2+1+1

（师指名一生动作示意：先指两条长边，再指两条短边。）

全班认同后板书算式：2+2+1+1。

生 3：1 厘米、1 厘米、1 厘米、1 厘米，一个小正方形就是 4 厘米，两个小正方形的和就是 8 厘米，然后中间有两条线段重复了再减去 2，8 减 2 就是 6 厘米。

（全班掌声。）

师：掌声表示你们听明白了，谁能用动作表示出他的想法？

一名学生操作：分别描两个正方形的边，然后再把两个分开的正方形拼在一起。

师：再加一个动作就更好了，这两条边（指中间重合的边）怎么样了？

没了！（手势：划掉）同意吗？

根据思路板书算式：4+4−2。

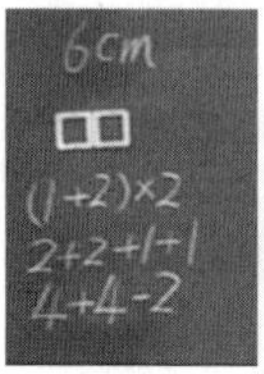

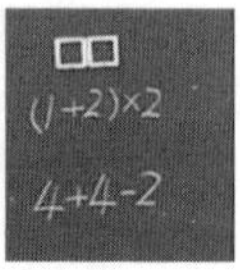

生 4（边指边说）：这两个图形拼起来，它的周长包含了 6 个 1 厘米，用 6×1 就是 6 厘米。

（全班学生一齐指边线示意该算法。）

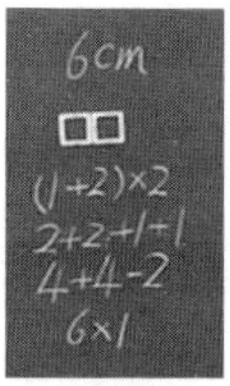

师：两个正方形就这么一拼，我们可以从不同的角度、用不同的方法算出这个长方形的周长是 6 厘米。今天这节课我们就在从不同角度算周长的启发中继续研究周长。（揭示课题）

（2）操作中思“路”

师：顺着这个思路继续往下走，我们可以研究什么呢？

生 1：我想研究 3 个正方形拼起来的周长是几厘米。

生 2：我还想研究 4 个正方形拼起来的长方形周长是多少厘米。

生 3：我想要研究不规则图形的周长。

生 4：我就想研究多个正方形拼起来的规则和不规则图形一共有多少个，或者是它们的周长各是多少。

师：注意到没有？刚才 4 名同学的想法各不同，但是有一点是相同的，不管是 3 个还是 4 个，规则的还是不规则的，都要聚焦研究它的周长。很切题，会研究！只是我觉得对于你们来说，再研究 3 个或者 4 个正方形拼起来的图形，有点小瞧你们了，跨度大一点，来 6 个，行不行？

学生齐答：行！

（出示研究任务：6 个边长 1 厘米的正方形，拼出图形的周长可能是多少？）

师：仔细读这个研究任务，这 6 个边长为 1 厘米的正方形，我们研究什么？

生（聚焦）：周长。

（教师提供材料：研究单和小正方形学具。）

（学生独立研究后两人小组交流。）

（3）交流中理"路"

师：很多同学忙得停不下来了，是吧？但我也注意到有几位同学可是早早地就坐在那里等了，他们的任务没完成吗？我悄悄看了一下，其实完成得特别好，想不想知道为什么？掌声有请这位同学，请他来跟我们分享交流，我们先来看一看他的研究单。

师：哇，看了是不是很不服气？写这么点儿就研究完了？听听他怎么说。

生 1（边拼边说）：我这样写的原因是怎么摆它的周长都不会超过 14 厘米。这样子算它的长（摆出 1×6 的长方形，见下图），每个小正方形的边长是 1 厘米，它这里有 6 条边，所以这个长方形的长是 6 厘米，它的宽是小正方形的边长，也就是 1 厘米，所以就用 6 加 1 的和乘 2。

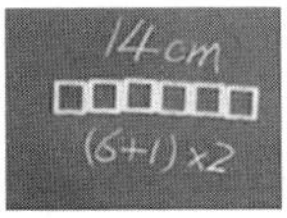

师：他刚才发言中提到一句话，大家边听边琢磨琢磨，周长不可能超过 14 厘米，这句话靠谱吗？

生 1：第二种是周长 12 厘米的（摆出下图）。这个不规则图形可以转化成一个规则图形，这两条边移下来就成为一个长方形，这个长方形的长就是 4×1 等于 4 厘米，宽是 1×2 等于 2 厘米，所以用 4 加 2 的和乘 2，周长为 12 厘米。

生 1：接下来是 10 厘米的（摆出下图）。这个长方形的长是 3 个小正方形的边长，也就是 1×3 等于 3 厘米，宽是 1×2 等于 2 厘米，所以它的周长就是用 3 加 2 的和乘 2 等于 10 厘米。

师：有人迫不及待地想跟你交流了，你请吧。

生 2：我想问你一个问题，就是这两条边你还没移呢（指生 1 算出周长 12 厘米的那幅图中第二排中间的左右两边，如下图示意），你为什么不算它呢？这个周长原来应该是 14 厘米。

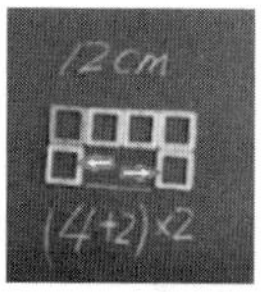

生 1 表示同意。

生 2：我来给你拼一种 12 厘米的吧，这样子就是 12 厘米了。（如下图）

生 2（边说边画）：把这两条边移下来，把这一条边移到这里来（如下图示意）。它的宽是 2 厘米，长是 4 厘米，4 加 2 的和乘 2 是 12 厘米，所以它的周长就是 12 厘米。

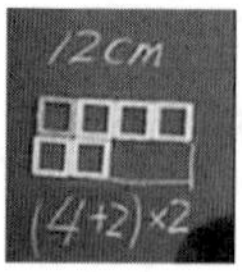

生 1：我还有一种 16 厘米的拼法。

师：你现在想否定你自己了？刚才你说最长是 14 厘米，现在想突破一下，还有 16 厘米的？

生 1 表示肯定后，摆出下图。

生 2: 这个不是 16 厘米的，真的不是 16 厘米的。(边画边说，如下图示意)因为我们把这两条边移下来了，它就成了一个 4 加 2 的和乘 2 等于 12 厘米的长方形，但是还有这两条边没加，12 加 2 等于 14 厘米，这个长方形的周长是 14 厘米呀。

生 1 表示同意。

师（对生 1）：你的努力虽然失败了，但是他这一摆一讲解，让你更清楚了是不是？谢谢他。

师（对大家）：虽然他（指生 1）出现了一些计算失误，但他刚刚摆出来的这个过程，我觉得特别值得我们夸夸他。当然，一般水平的人可夸不出来，有没有人发现他的思考过程中有什么值得大家夸奖的地方？

生 3：我觉得你的思路很清晰，虽然出了一点错误，但是你的思路非常清晰。

师：哦，思路清晰，从哪看出来思路清晰呢？

生 4：我觉得你的思路很清晰，没有像别人那样写得很多很多，而是用 3 组数就表明了。

生 5：我觉得你对题目看得很清楚。其实这个题目有个“坑”，它说周长可能是多少，你没有把每个图形都确切地算出来，而是用最简洁的方法表明了 3 种可能性。

师：那些摆了好多周长 14 厘米、12 厘米的同学，听了她（指生 5）的话是不是有感觉了？我们只需要找不同的周长，而不是找形状。对这三个人的夸奖，你（指生 1）满意吗？好像不太满意。我再夸你一下好不好？刚才你们夸得都很有道理，不管是思路清晰还是只找最关键的“不同的周长”，夸的都对。但我觉得他之所以思路清晰，其实是有一点套路的。瞧！（用手比画从大到小的周长顺序）想替我补充吗？

生 6：原来 6 个小正方形的周长加起来都是一个数，然后它们重叠的边越多，合起来的周长就变得越少。等缩到把那些边全部合起来的时候，就是最右边 10 厘米的那个长方形，它有很多边已经重合了，剩下的边已经是最少的了。

师：在他说了好长的话中，其实是找到了一种感觉，14、12、10，感觉到什么？

生：有顺序。

师：说得真好，按照一定的顺序去找，让我们感觉很清晰，对不对？（板书：有序）

师：他的话也在提醒我们，提醒什么？

生 7：提醒我们重合的边越多，周长越短，重合的边越少，周长越长。

（全班鼓掌。）

师：重合的边越少，周长越长。记得他（指生 1）刚才上来说的第一句话是什么？最长是 14 厘米。后来他自己想突破一下，想找周长是 16 厘米的，结果失败了。他的尝试可以给我们启发吗？你觉得我们下面可以去研究什么么？

生 8：还有 15 厘米的。

师：抛出一个话题了，琢磨琢磨看有没有可能是 15 厘米，他说的周长 15 厘米会是什么样？如果有，是什么样的？如果没有，又是为什么？

（同桌交流。）

生 9：我觉得不管拼成的是规则图形还是不规则图形，拼完之后都可以变成长方形和正方形（算周长），如果是长方形的话，15 ÷ 2 是有余数的，如果是正方形的话，15 ÷ 4 也是有余数的。

师：我觉得此处应该有掌声。

（全班鼓掌。）

师：被迫鼓掌说明我们还没太听明白。没关系，回想一下，他说不管拼成什么样，规则的、不规则的，它都可以变成规则的长方形或正方形，同意吗？（全班认同。）一旦是规则的长方形或正方形，那它的周长会怎样？

生 10：它的周长是双数。

生 11：它的周长一定是双数。

师：为什么？

生 10：因为正方形有 4 条边，长方形也有 4 条边。

师：长方形的 4 条边是两长两宽，也就是两个什么？

生：两个长加宽。

师：所以他说除以 2 也好、除以 4 也好，它都得是一个双数。这是在说什么？

生：周长。

师：这么一说，周长 15 厘米是不可能了，同时我们还否掉了所有的哪种情况？

生：周长是单数的。

师：太厉害了！这个问题是不是个好问题？还能想到什么问题吗？

生：有边长是 16 厘米的？

师：继续琢磨，是不是有比 14 厘米大一点的周长？这是个好问题。

（学生独立操作，同桌交流。）

生 1：我们俩摆出这种（见下图），周长是 16 厘米。

生 2：还是 14 厘米。

生 3：是 14 厘米。先平移，长就应该是 4 厘米，宽就应该是 3 厘米，然后再用 4 + 3 等于 7 再乘 2，等于 14 厘米。

师（询问生 1 小组）：你俩接受吗？谢谢你们。虽然失败了，但是告诉了我们 16 厘米好像真的很难找。

生 4 呈现下图：

生 5（生 4 同座）：我计算出来是 14 厘米，数了之后还是 14 厘米，但她不同意。

师：那这样吧，你指给她看看怎么是 14 厘米的。

（生 5 指数给生 4 看。）

生 6：其实这就是一个连方，它一定要最少的并且是连接固定的来形成连方。所以这 6 个连方的接触面最少是 6 个，也就是这个（指周长为 14 厘米的图形）。接触面最少，浪费的边也最少，所以它的周长也就是最长的。

生 7：其实我刚才也没听懂你的话，我就觉得这六连方最少重合的边应该是 5 个。重合的边越少，它的周长越长。

师：通过他们的发言，我觉得有一个焦点问题我们要明确一下，6 个正方形，重合的边最少要几组？那就是几条边呢？

逐个拼摆正方形，学生观察后明确：5 个 2。

师（问生 6）：你刚刚说 6 个？

生 6：确实错了，是重合了 5 次。

师：瞧！这么一拼摆图形，我们就发现 6 个正方形至少要重合 5 组边，这么看，16 厘米的周长还真不可能了。除了边拼边观察，就没有其他办法来确定了吗？这个长方形周长 14 厘米，是怎么算出来的？（生：6 加 1 的和乘 2），这个不规则图形的周长是 14 厘米，又是怎么算出来的？（生：平移成长方形，4 加 3 的和乘 2）说到这儿，有没有想到些什么？

生 7：我想到如果是 16 厘米的正方形，16 ÷ 4 的话，这个格子要 7 个才能拼成，如果是长方形的话，16 ÷ 2 等于 8，也至少要 7 个才行的。

师：他的话你听懂了吗？确实不容易明白。抓我们能听懂的，他这一会儿 16 ÷ 4 一会儿 16 ÷ 2 的，在干什么呢？

生 8：16÷4 是在算如果是正方形的话，边长是 4；16÷2 是算如果长方形的话，长加宽的和就是 8。

师（做想象状）：哦，边长是 4 的正方形？长与宽的和是 8 的长方形？

生 9：如果用 6 个方块拼的话，不够拼。

生 10：如果有其他方块，加一块、两块，就可以了。

师：究竟加一块还是加两块，有点儿懵是吗？不着急，再想想！再加几块有点儿不确定，但都可以确定的是什么？

生：6 个不够。

生 11：6 个不够拼出周长是 16 厘米的图形，只有这 3 种情况，没有别的了。

师：这些话说的还有点早，根据刚才大家的思考，我们基本确定 6 个正方形没法拼出周长 16 厘米的图形，但是不是只有 3 种情况？我们是不是还需要考虑究竟有没有比周长 10 厘米更短的呢？

（部分学生嘀咕：不可能比 10 厘米更少了。）

师：我们可以怎么研究确定有没有更短的情况呢？

生 12：前面说过了，单数不可能，那再短就是 8 厘米，不可能吧？

（小组研究交流。）

生 13：6 个正方形拼成长方形，长 3 厘米、宽 2 厘米，已经消灭了 14 条边了，没法儿再消灭了。

生 14：我们可以借用他（指生 7）的思路，周长 8 厘米，8÷2=4，长加宽的和是 4，没法儿挤下 6 个正方形。

（4）悟思中明“路”

回顾梳理中厘清探究方法和结论。（略）

这一综合实践活动内容的教学设计，意图强调课堂中的数学活动需关注的两个基本问题：

第一，重视基本方法的迁移力，夯实经验的“土壤”。当学习者能够准确、有效地依靠相关经验分析、解决目前的问题，实现“一种学习对另一种学习的积极影响”，其背后必然有方法的强力支撑。方法，因其强大的稳定性和基础性，方才成为“正迁移”的强力“推手”。因此，聚焦方法的“学会学习”，可让学生既获得新的认知，又在对习得的经验予以概括化、系统化的过程中，完善并充实着原有的经验结构，实现能力的提升。

那么，活动中具有强大迁移作用的基本方法是什么？就本节课而言，从研究的视角看，聚焦“周长”的研究主题的明确，从“一个正方形的周长”到“2个正方形拼成的长方形的周长”，再到“顺着这个思路继续，可以研究什么”的研究思路的铺陈，“边拼边算边观察”和借助长方形周长特点论证“周长可能是多少”的研究方法的明晰，以及探究交流后的梳理回顾与反思，都是研究的基本“套路”。从探究的视角看，“按照一定的顺序去找”、最长“不可能超过14厘米”、最短“不可能比10厘米更少”，其中所隐含着的“有序”的路径和关键，是数学探究的重要“套路”。从数学活动的视角看，具体“拼摆”操作、观察与计算后的逐步概括，探讨“周长是否可能是15厘米”到“周长不可能是单数”的特征明晰，都体现出数学活动由表及里、由点及面、由具体而抽象概括的基本“套路”。如此种种，皆可作为“基本方法”，让学习者在经历中内化为数学探究与活动的基本经验。

第二，尊重个体间方法的差异，实现“自己的”思维生长。“世上没有完全相同的两片树叶”。于不同的学生而言，思维品质、思维能力以及思维习惯的差异是客观存在的，不同个体处于“最近发展区”的适切方法也必然有所不同。正如本节课中所展现的，有的学生的探究方法还处于具体地举个例子“摆一摆”“算一算”的层面；有的学生的探究已有强烈的有序思考的意识，对“周长是多少”的探寻是有序展开的；也有学生已挣脱具体的“例子”，尝试从四边形周长计算的特点中，以更抽象的逻辑推理去论证“周长是多少”的可能性。

对教师而言，需要思考的是：如何正视并尊重个体间的差异，让学生真正以“自己的”方法去探究，实现“自己的”思维进阶？此中“教”

的有效策略和方法有哪些?

提供充足的独立思考、尝试与操作的时间与空间，是让学生产生真实的学习历程的基本前提。这就需要教师精心设计学习任务和研究问题，在删繁就简中凝练紧扣数学教学价值的核心任务，为学生经历“自己的”学习过程“留白”。同时，学习任务还需考虑到学生的差异性，立足“低起点”，确保人人能尝试操作与探究；挖掘“大空间”，以任务的开放性确保探究方法与经验获得的丰富性。

聚焦厘清与理解，是促进学生认知进阶的关键。无论是开门见山式的明确、疑惑复述中的聚焦、明知故问中的放大，抑或是在追问逼近中的深入，都是促使学生厘清任务和自我、懂得他人的观念与方法、发现彼此差异的重要策略。只有当学生在交流中真正明晰自己与他人的个性方法和认知，对话场域中辨析后的认同、理解后的改进、反思后的重构才可能成为现实。

第二节 拓展课程的丰与融

以儿童的学习为中心的数学学习，必然是依据儿童的天性和好奇心、激发儿童对数学的良好情感、发展儿童的能力素养与创造性思维的。让学生感受到数学好玩，需要教师对教材所承载的课程内容反复推敲形成适合儿童的教学设计与实践，也需要教师主动寻找那些让儿童感觉有趣、震撼、欲罢不能的数学内容。

一、数学之趣：数学游戏中的沉醉与生长

数学游戏集知识性和趣味性于一身，可以有效调动儿童学习数学的积极性，激发和保持儿童数学探究的兴趣。儿童在游戏中，能主动地进行观察、实验、猜测、验证、推理和交流，进行自主探索，寻找解决问题的思路、途径和方法。有研究通过实验对比，发现“进行了数学游戏干预的班级，对数学学科的喜爱程度明显增强”“实验班的口算速度没有因数

学游戏的渗透而显著提高，但实验班学生的数学学习自我评价较为积极，并且，实验班的每一项情感态度调查均值均高于非实验班”[①]。

同时，游戏与数学本质的相似性，保证了游戏是可以帮助培养数学思维的。通过游戏，学生可以更深刻地理解数学的内涵；能为儿童学习数学提供直观的感性材料和愉悦的学习平台，在儿童“具体形象思维”和“抽象数学知识”之间架起一座桥梁；有益于学生的灵活性思维和发散性思维的培养，进一步发展学生的创造性思维。

数学游戏也有利于发展儿童的交往能力。在数学游戏中，儿童验证了自己的价值，也体会到他人存在的重要性，在充满友好和竞争的情感氛围中相互交往，扩大了学生的社会交往范围，提升了学生的社会交往能力。

因此，数学游戏对于儿童学习而言，主要产生了四个方面的促进意义：促进儿童智力的发展；促进儿童数学基本技能的熟练；促进儿童语言的发展；促进儿童社会性和个性的发展。[②]

基于以上认识，自 2014 年起，笔者与团队伙伴寻找、开发那些蕴含数学问题的数学游戏，让做游戏的学生于欲罢不能中获得数学活动经验，潜移默化地掌握数学知识、思想与方法。为此，形成了近 50 个兼具游戏的趣味性、竞争性、娱乐性和数学问题的探究性、技能性、思维性的低年级数学游戏（详见《数学小游戏——指向学生自由生长的教学新范式》）。在以数学游戏为基本活动的学习历程中，数学经验的体悟与收获、数学技能的掌握与熟练、数学思维的拓展与提升、数学情感的培养与激发，皆以游戏过程中的改变和经验积蓄为标志。下面以“猜数游戏”这一简便易操作的区间套游戏的活动过程，展现学生参与过程中的沉浸与改变。

【教学设计与实录】

（1）互动激趣，初步了解游戏规则[③]

①顾宁燕．数学游戏对小学一年级学生数学学习情感的影响研究［D］．华东师范大学，2012.

②余颖．数学游戏：基于校本的思考与探索［J］．教育研究与评论．2016，10：33-40.

③余颖．当过程成为主要目标［J］．小学教学（数学版）．2018，7-8：48-51.

师：小朋友们喜欢玩数学游戏吗？

生：喜欢！

师：一说到这个，小朋友们脸上都笑开了花。猜一猜，今天我们会玩什么游戏呢？猜得出来吗？（出示：猜）

（大多数学生摇头表示为难。）

生 1：我觉得就是用数卡来玩游戏，我们玩过好多数卡游戏。

师：他猜的有道理吗？

生：有！

师：因为玩过很多数卡游戏，觉得今天还会玩这个，真的不是瞎猜呢！不过，今天不用数卡，但也是一个跟数有关的游戏，那就是猜数游戏。想知道怎么玩吗？请看游戏规则。

师出示规则：

①一个人写一个数，大小在 1—100 之间（含 1 和 100）；

②另一个人猜一猜是什么数。

师：看明白了吗？猜的这个数最大是多少？最小呢？

生：最大是 100，最小是 1。

师：随便写一个介于 1 到 100 之间的数，然后就请其他人来猜一猜。看明白规则后，谁来跟我玩一下？

师：我来写一个数。为了避免偷看，我在对折的纸的中间写，我写的时候，其他人请闭眼。

生 1：天黑请闭眼。

（师写数。）

生 1：天亮请睁眼。

师：谁来猜一猜？

生 2：56。

师：不对。很遗憾！谁愿意接着猜？

生 3：55。

师：也不对。

生4：49，

师：还不对。

生5：51。

师：不对不对。

生6：50。

师：也不对。

生7：39。

师：还不对。

师：小朋友，猜到这儿，你们觉得再猜下去怎么样？

生齐答：难！很难！

生1：这样单独猜的话肯定是会猜错的。

师：肯定是会猜错的，真的一点机会都没有吗？有没有可能猜对？

生：有。但是那个可能太小了。

生2：如果要猜的话，必须从1到100开始，每个数都要猜到，才能知道到底是什么数。

师：她的意思大家同意吗？

生齐答：同意！

师：那就是说，这样猜的话我们最多可能要猜多少次？

生：100。

（2）限定规则，初步感知小窍门

师：可能得猜100次才猜对，不好玩。如果我们把这个规则调整一下，前面的规则不变，只是一个人猜之后，写的人不是说“对了”或“不对”，而是说“大了”或“小了”，看一看，能不能只用5次，或更少的次数就猜对呢？

师出示规则：

①一个人写一个数，大小在1—100之间（含1和100）；

②另一个人猜一猜是什么数；

③根据猜的数，写的人提示是“大了”还是“小了”；

④猜的人有5次机会，猜中得2颗星，接近（跟准确数相差1）得1颗星。

（理解规则后，教师写一个数，指定一名学生试着猜一猜，另一人在黑板上记录。）

生1：59。

师：59，大了。

生1：43。

师：也大了。

生1：15。

师：一下子就跳到15了，小了。

生1：20。

师：小了。

生1：35。

师：小了。

板书：59（大）、43（大）、15（小）、20（小）、35（小）。

师：5次机会用完了，请你（指生1）告诉大家我写的这个数是多少？（亮出纸上的数）

生1：37。

师：真遗憾！就差那么一点点就成功了，相差几？

生齐答：2。

（3）合作猜数，玩中体会小窍门

师：虽然第一次不成功，但我们还是要把掌声送给他。这是因为，第一，他已经会按照规则来玩了。第二，他离成功就差那么一点点了哦。每个小朋友是不是也都会玩了？这个游戏应该几个人为一组玩呢？

生：两人。

师：对！一个人写，一个人猜，然后两人再交换。音乐声响开始，争取在音乐声停止之前，两个小伙伴每人至少能玩3次。

（学生玩游戏，教师巡视。结束后反馈。）

师：刚才这一轮，有猜对的吗？

生（纷纷举手）：有！

师：好厉害啊！有几次都猜对的吗？

（生举手示意。）

师：真棒！请问你们几位，是你跟他有默契、运气好？还是你有招儿、有办法？觉得有办法、有窍门的，请把手举高高。

（少部分学生举手。）

师：真的有窍门？刚才没觉得有窍门的小朋友，肯定会开始琢磨这个问题了，对吧？觉得有窍门的小朋友，他心里想的那个窍门是不是灵呢？最好的办法是什么？那就是，请他们玩给我们看一看。

（4）高手猜数，深入研究小窍门

师指名一位自信有窍门的学生来猜数，由他请一位平时玩得不多的同学出题，再请一位学生负责组织和记录。

生 1（记录员）：天黑请闭眼。

生 2（出题者）在折纸内页写一个数。

生 1：天亮请睁眼。

生 3（猜数者）：56。

生 2：小了。

生 3：60。

生 2：大了。

师（询问大家）：你们觉得她会不会猜中？为什么？

生 4：因为她已经知道是五十几的数了。

生 5：中间相差的数很少。

师：迅速地思考一下中间相差哪几个数？有几个？

生 6：4 个。

师：56 小了，60 大了，那有？

生 7：57、58、59。

生：相差 3 个数。

师：中间就三个数，她还有几次机会？

生：3 次。

师：所以你认为她会怎么样？

生：会猜到。

师：那他是不是真的要用满 3 次机会呢？

（激动的学生们反应不一。）

师：请你继续猜吧。

生 3：58。

生 2：大了。

师：现在你觉得他还要用几次机会？

生：一次，只剩 57 了，肯定是 57。

生 3：57。

生 1 的板书记录：56（小）、60（大）、58（大）、57（√）。

师：掌声祝贺！ 4 次就猜中了，真厉害！我们其他小朋友也很厉害！当他猜第二次后我们就知道他一定能猜中了。琢磨琢磨，看看她刚才猜的过程，是不是真的有什么窍门、秘密？看出来了吗？

生：看出来了！

生 8：我看出来他猜到了 56 小、60 大之后，就只有 4 个数（其他学生纠正应该是 3 个），剩 3 个数，她又猜到 58 大了，就只剩下 57 了。

生 9：她是先找两个相差不大的数，这两个答案，一个是小，一个是大，这样他就知道只会是在这两个数之间。

师：哦！找两个相差不大的数，我有点不同意？万一出的数是比 60 大呢？那是不是一定也能猜中呢？

生 10：我就是看出可以找两个靠在一起的数去猜。如果答案是在它们中间，那就可以猜中；如果不是，那就不一定了。

师：如果不是正巧在它们中间，好像就没这么有把握了，是吧？是不是真的一点把握都没有呢？我们玩着玩着可能还会有新的想法哦。有谁觉得自己还有新窍门？来玩给大家看一看。

（师点名一个玩时猜数策略意识比较明显的小组成员来玩。）

生 1：天黑请闭眼（出题者生 3 写数），天亮请睁眼。

生 2：50。

生 3：小了。

生 2：70。

生 3：小了。

生 2：85。

生 3：小了。

生 2：95。

生 3：小了。

生 2：100。

生 1：对了。

（学生齐鼓掌。）

板书记录过程：50（小）、70（小）、85（小）、95（小）、100（√）。

师：太厉害了！看看他这 5 次猜的数，看出他的窍门没有？

生 4：我猜他的窍门是如果小了，就猜比它大的数。

师：小了就往大里猜，是吗？

生 2（略不屑地说）：这不是我的窍门。

生 5：他是随便找一个数，然后找比它大的数。

生 2：我不是随便找的。

师：我也觉得他不是随便找的。

生 6：我觉得他先猜一个数，然后看记数的人是写大了还是小了，比如说大了，在 50 的基础上慢慢往下减，如果小了，就在 50 的基础上往上加。

（生 2 摇头。）

师：噢，到目前为止，他的知音还没有出现。你去找找，看看谁有可能是你的知音吧！（生2找生7）别让他失望哦！

生7：我想他猜的时候发现每个数都小，所以他最后索性猜了100，100就是正确的。

生2：还是不对，那我就自己公布吧！

师：再给他们一次机会吧，我替他们求个情。

生8：我觉得他是从100的一半先猜，如果大了就猜中间，如果是小了也是猜中间。

生2：有一点是对的，接近了。

师：终于找到半个知音了。

生9：是从100的一半开始猜的。

生2：对。

师：100的一半是多少？（生答50。）哦，他为什么从50开始猜呢？你琢磨出来了吗？

生10：因为从100的一半开始猜的话，如果小了就是往100的一半往前猜，如果大了就是往100的一半往后猜。

师：也就是说找到这个一半之后，我第二次只需要在多少个数里猜了？

生：50个数。

师：50猜小了，第二次他就猜了多少？

生：70。

生11：我觉得应该猜75，正好是50往后的一半。

生2：我觉得70也可以，它也在50和100的中间，而且我喜欢猜整十的数。

师：那第三次怎么不猜80，猜的85了？

生2（有点儿不好意思）：80离70太近了。

师：听他这么一说，我们都知道他的窍门是什么了？

生12：猜一半的数。

生2：正好是一半的就猜一半，也可以猜一半左右的数，不一定要那么准。

生12：我觉得还是正好一半比较好。

（5）分层挑战，持续研究小窍门

师：现在看来，你们暂时还谁也说服不了谁，我们只有多玩玩多想想，可能才能搞明白谁的观点更正确。现在我们都知道了这个猜的窍门，那是不是一定都能猜对呢？给5次机会是不是一定能得星呢？

（学生犹豫。）

师：我很喜欢你们的这个态度，没琢磨清楚的，不随便下结论。希望对他这个窍门还不是很肯定的，下课后边玩边琢磨，第一次猜50，那第二次、第三次应该怎么猜呢？按他的窍门，是不是真能猜得星？觉得对这个窍门很有把握的小朋友呢，你们的任务就更有挑战了。5次机会是不是一定能猜得星？如果是，为什么？如果不是，那究竟几次就一定能猜中呢？瞧！这些任务难度级别各不相同，究竟边玩边琢磨哪个级别的，随你挑！

这样的数学游戏，其简洁公平的规则，有利于学生迅速理解规则顺利进入游戏，并因规则之公平而保证学生都能在良性竞争中始终拥有游戏的热情；其挑战之难度在所有学生的最近发展区内，从而能让所有学生都有机会享受挑战成功的愉悦；其思维性体现于过程中，关注游戏中“赢的策略”等，是让学生获得思考方法提升思维能力的重要渠道；当然，机遇也是游戏让人入迷的动因之一，机遇与实力并存的游戏，能让每一个游戏者乐此不疲、沉浸其中。正如前文猜数游戏中的学生，有的对猜数窍门尚且懵懵懂懂，有的已有模模糊糊的感觉，有的则对“窍门”已清晰。但即便对“窍门”感觉都比较清晰，具体用时，又可能因数感、喜好、考虑角度等的不同，带来不同的选择和结果。于是，有因机遇而赢，有因策略而赢，也有因各种因素糅杂而赢。就在这“一切皆有可能”中，集趣味性、操作性、探究性、教育性于一身的数学游戏，让儿童在轻松而适度紧张的心境中，不断生成想法，质疑想法，又生成着新的想法……从而获得激动愉悦而富有探索性的生长。

二、数学之魅：自带美与力量的数学素材

（一）数学之魅源于美

数学的好玩有不同的层次和境界，数学家看到的好玩和小学生看到的好玩有所不同。于小学生而言，情趣盎然的数学，除了好玩的数学游戏，还有那些能让人在美的熏陶与思考的震撼中得到情感共鸣与思维启迪的数学素材。黄金分割的和谐美、莫比乌斯环的奇幻美、毕达哥拉斯数的神奇、圆周率的无穷深邃，还有那完美数、回文数、曲线拟合……所引发的震撼与美感，让我们看到数学的魅力。当它们以适合的方式变成学生的学习素材，那“数字、字母、符号、式子和图形，像浮在空中轻轻飘荡的五色花瓣”，“从方程、公式、图形的直觉和逻辑推理中，获得一种优美而崇高的体验”，这一定不是海市蜃楼。

笔者开发的“黄金分割”一课，正是基于以上认识的首次尝试。黄金分割是人们公认的和谐美的化身。它不但在数学中扮演着魔幻般的角色，在建筑、艺术、自然现象乃至人类生活的一切领域，都可以找到这个精灵的存在，这也正是黄金分割的神奇之所在。这样的题材，能够有效激发学生数学学习的兴趣，使他们从中感受到数学的精神，把握数学的思想和方法。为此，结合六年级“比”的教学，笔者开设了一节以“黄金分割”为主题的数学活动课。

【教学设计与实录】

1. 以神奇引发学生的好奇①

黄金分割的迷人之处就在于它的共性美，黄金分割所带来的和谐、适中的美是人们普遍的感受。以此作为教学的切入点，能够引发学生的好奇心，产生探究的欲望。为此，笔者甄选三组图导入新课。

生活导入，激发探究欲望

①出示下图：

①余颖．在对美的追问中体会数学的精神［J］．小学教学参考．2006，10：17-19.

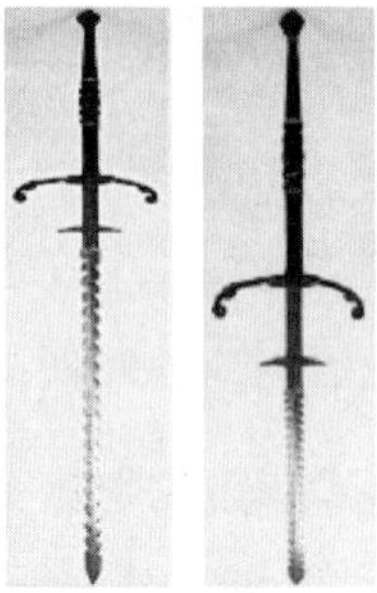

师：这是两幅古兵器的设计图，仔细观察比较，如果让你选择，你会挑选哪一个兵器？

（大多数学生伸出了一根手指。）

师：为什么你们选择了第一个呢？

生1：我觉得第一个看着比较舒服。

生2：第二个兵器的手柄那么长，感觉有点怪怪的。

②出示下图：

师：这是电视塔的两幅设计图，你比较喜欢哪一幅呢？

（大多数学生伸出了两根手指。）

师：互相看一看，别的同学的选择跟你相同吗？

③出示下图：

师：这是一个同学创作的两个漫画人物，你觉得哪个更美呢？

（大多数学生不约而同地选择了第一幅。）

师：想知道坐在后面听课的这几百位老师会怎么选吗？

（现场的几百位老师中，大多数也伸出了一根手指。）

④出示以上6幅设计图，将大家选择的3幅设计图置于第一行。

师：在这6幅设计图中，大多数人不约而同地选择了上面的3幅。同学们，你们不觉得这很神奇吗？为什么大家的感觉如此相通呢？我们可以从数学的角度去探寻其中的奥秘。

2. 以研究感悟数学的精神

让学生经历前人研究、发现、解释并运用美的规律的过程，在这种“再创造”的过程中，学生必将感受到数学的精神，数学的思想、方法是帮助学生解读黄金分割之美的渠道。因此，用数学的眼光来观察、用数学的思想来分析、用数学的语言来描述，是本节活动课的重点。唯有如此，学生方能充分感悟数学的精神。

（1）尝试探究，了解黄金分割

①寻找研究角度

师：用数学的眼光来仔细观察这3幅设计图，它们是不是有什么共同之处？我们可以从什么角度去研究呢？

（片刻沉寂过后，只有个别学生举手想表达自己的想法。）

师：对同学们来说，这确实是一个较难的问题。不过，我给大家提供一些信息，或许会为你们的研究带来一些启发。

②公布设计图中上下两部分的相关数据

要求：请同学们先独立研究，再与小组内的同学分享你的收获。

（学生借助计算器独立研究，并在小组内交流。）

③全班交流，寻找规律

生1：我求出了它们上下两段的比值。$46:74 \approx 0.62$、$213:340 \approx 0.626$、$6:10=0.6$，它们的比值都在0.6左右。

生 2：我们的想法跟第一组差不多，商是零点六几，也就是上下两部分的比值是零点六几。

生 3：我们小组是用下面一段的长度除以上面的。

④揭示规律

师：真了不起！你们刚才所发现的，很接近数学上一条很有美学价值的规律，那就是——黄金分割。（板书课题）

师：同学们，这是一个怎样的规律，竟让人们赋予它“黄金”这样尊贵的称号？想知道黄金分割究竟是怎么回事吗？

⑤介绍人们发现黄金分割的历史及相关的内容

（出示画面并配音）

> 2500 年前，打铁铺中富有节奏和起伏的声响给了古希腊学者以启迪，他们在探索“黄金矩形”的过程中，发现了一条具有美学价值的规律，那就是黄金分割。将一条线段 c 分成长（b）短（a）两段，当 a 比 b 的比值等于 b 比 c 的比值时，这样的比被称为黄金比。它们的比值是 0.6180339887498948482045868340……人们一般取近似值 0.618。古往今来，0.618 这个数一直被后人奉为科学和美学的完美结合，人们把它叫作黄金分割数。根据黄金分割数将线段进行分割的点，就被称为黄金分割点。

⑥回顾

师：通过这段介绍，你知道了什么？（生答略。）

⑦思考

师：我们回过头来看看刚才比较的设计图，现在明白为什么这几幅设计图让你觉得比较舒服了吗？

生 1：因为设计图上下两部分的比值很接近 0.618，所以我们看着就觉得比较舒服。

生 2：因为上下两段的比很接近黄金比。

⑧验证

师：那么，还有谁与谁的比值应该也比较接近 0.618 呢?

生 3：下面一段和总长度的比。

师：是不是这样，要用事实来说话。我们一起来算一算、验证一下，如何?

（学生计算，验证猜测。）

⑨小结

师：当我们用数学知识来寻找、解释美的规律时，就能发现其中的奥妙。

（2）领悟运用，体会美的奥秘

①感受黄金分割的美

师：如果我们举办一次以“黄金分割”为主题的演讲活动，你是一名即将上场的演讲者，这就是你将要登上的舞台（出示舞台画面），你会选择站在什么位置进行演讲呢?

师：能对你的位置做出一个准确的描述吗?（同时出示舞台宽度：15 米）

（学生计算。）

生 1：我选择站在与舞台左侧相距 9.27 米的地方，因为这个位置很接近舞台宽度的黄金分割点。

师：还有不同的选择吗?

生 2：也可以站在与舞台右侧相距 9.27 米的地方，这儿也很接近舞台宽度的黄金分割点。

生 3：我选择跟两边都相距 7.5 米的正中位置，我觉得这样两边都不偏不倚。

师：如果你和主持人一样习惯面朝右侧，你觉得站哪个位置更合适呢?

生 4：选择左边的黄金分割点站位。

②认识黄金矩形，体会它的美及运用

A. 认识黄金矩形

师：刚才说到，黄金分割是人们在探索黄金矩形的过程中发现的规律。矩形，也就是长方形。每组的练习纸上都有几个长方形，你觉得哪个长方形看起来最舒服？（学生观察下面4个长方形后，大多数学生都选择了第二个长方形。）

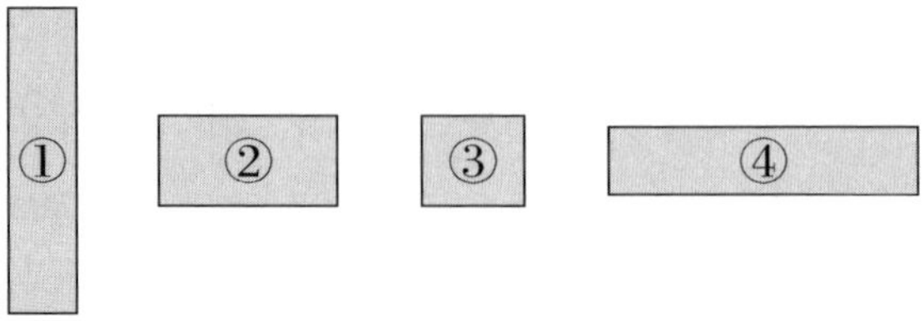

师：为什么这个最美呢？现在，你能为自己的感觉寻找一个理性的证明吗？

（学生分组讨论并测量计算。）

生1：这个长方形的长是5厘米，宽是3厘米，宽与长的比值是0.6，很接近0.618，所以看起来很舒服。

B. 创作黄金矩形

每个学生根据练习纸上提供的一条线段，画出一个宽与长的比符合黄金分割的长方形。

（教师展示并检查学生画出的不同的长方形。）

师：祝贺你们，画出了世界上最接近完美的长方形，人们把这样的长方形叫作黄金矩形。

③了解黄金矩形的应用

师：好好欣赏一下你创作的黄金矩形，仔细看一看，像这样宽与长的比符合黄金比的长方形，你在哪儿见过吗？有哪些物体的面是黄金矩形呢？

学生纷纷举例：信封、磁卡、电脑屏幕、照片、挂历、收音机、瓷砖、国旗等物体的面。

（教师就学生所说的公交IC卡，让学生测量、计算，并验证其面是否接近黄金矩形。）

④拍照取景选择，深入体会黄金分割的美

（出示下图）

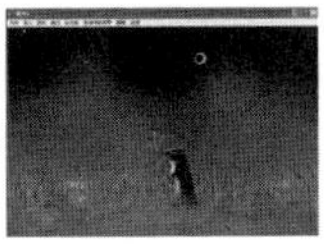

师：照片的画面也接近黄金矩形。看，草地上有一只可爱的小松鼠，想把它拍下来吗？

师：如果你是摄影师，准备怎样取景呢？（出示下图）

师指定一名学生拖动取景框设计画面，4幅设计图见下（从左至右依次为第一幅、第二幅、第三幅、第四幅）：

师：比较这四幅设计图，你更喜欢哪幅？

（大多数学生选择了第二幅设计图。）

师：能说说你选择的理由吗？

生1：第二幅设计图中，松鼠的位置稍稍偏右，表现出了一种眺望远方的状态。

生2：我知道，松鼠所在的那条虚线就是这个取景框中的黄金分割线。

师：说得很对！在这个取景框中，有几条黄金分割线？

生3：4条。

师：有研究表明，人们对画面中处于黄金分割线交叉点的位置最为敏感，所以取景时，将主角置于这样的位置往往效果最好。

3. 以震撼激发探究的欲望

黄金分割的内涵不是一节活动课就能了解透彻的，而且也不是凭着小学六年的数学知识积累就能解释清楚的。随着学生今后数学学习的深入，对黄金分割他们必定会有更加深刻和准确的理解。因此，本节课的重要价值就在于，通过让学生运用数学尝试解释黄金分割的奥秘过程，感受数学的力量，并以黄金分割神奇的魅力，激发学生进一步探究的欲望。所以，把与黄金分割相关的大量素材以合理的组织方式呈现给学生，让学生在震撼之余深深回味黄金分割的美妙与神奇，从而产生进一步探究其奥秘的向往，方能彰显本课的价值。

4. 欣赏思考，感受美的价值

【教学设计与实录】

师：同学们，还想了解不同领域所见到的黄金分割吗？

（出示画面并配音）

从4600年前修建的埃及金字塔到2400年前修建的帕特农神庙，再到埃菲尔铁塔、东方明珠、联合国大厦，在众多著名的建筑中，人们发现了一个惊人的巧合，那就是它们都运用了黄金分割。妩媚的爱神维纳斯、健美的大卫、潇洒的阿波罗，还有气势磅礴的兵马俑……它们无与伦比的造型，折射出人们对黄金分割的领悟与运用。

斯特拉迪瓦里在制造他那把有名的小提琴时，运用了黄金分割来确定f形洞的确切位置；二胡要获得最佳音色，其千斤须放在琴弦长度的0.618处；当我们聆听贝多芬、莫扎特、巴赫、舒伯特的乐曲时，我们发现乐曲的高潮部分大多在5∶8的交叉点上……

让我们把目光投向神奇的大自然。向日葵花张开笑脸，朝一个方向的花瓣与朝另一个方向的花瓣数目的比近似一个黄金比；娇艳的玫瑰、质朴的雏菊，它们内外花瓣数目的比也接近一个黄金比；还有那工整的蜂巢、晶莹的雪花、漂亮的鹦鹉螺，大自然的鬼斧神工，无时无刻不在向我们昭示着黄金分割的美妙与神奇。

除此以外，在工程建设、股市分析、军事决策、数学研究及其他领域中，黄金分割的身影无处不在。

师：同学们，你能用一个什么词来形容黄金分割给你带来的感觉呢？

生1：神奇！

生2：美妙！

生3：绝！

师：对于黄金分割，我们除了感受到它所带来的美妙与神奇外，你还有什么想说、想问的吗？

生4：我想知道，为什么黄金分割让我们感觉到美？

生5：我想知道，黄金分割数的准确值到底是多少？

师：同学们，对于黄金分割，我们今天所了解的还远没有2500年前的古希腊人深刻。就像同学们所问的，为什么黄金分割能给人带来美感？我们到底该如何准确地确定黄金分割点的位置？除了美，为什么它在许多领域都无所不在？这一个个问号拧成的结，你想解开吗？虽然课已结束，但我们的探究才刚刚开始。

（二）数学之魅源于思

数学本质在思维。数学独特的思想方法蕴藏在数学认知、探究与问题的解决之中，除了挖掘国家课程中规定的那些学习内容的数学思想方法以发展学生的数学思维，在合适的学习节点，利用适切的学习素材聚焦数学思想方法，也是有益的拓展与教学探索。

《小学数学学习心理学》（张兴华著）中关于渗透类比思想的教学案例，郑毓信教授在《数学方法论入门》以及波利亚在《数学与猜想》中对于“类比”的阐述与例证，让笔者对类比联想这一思想方法的重要性及内涵有了准确的理解。而《教育心理学——献给教师的书》（吴庆麟主编）中皮亚杰关于针对不同运算阶段儿童的教学方法、维果斯基的认知发展理论及教学方法，也让笔者坚定了在六年级进行以“类比联想”这一思想方法的感悟为教学目标的信念。由此，笔者确定并设计了在毕业复习阶段，以平面图形、立体图形的周长、面积和体积为载体，以类比联想的思想方法运用为取向的数学课——“由正方形边长变化所想到的……”。这节课的教学目标设定为：在对平面图形的面积和立体图形体积的研究中，引导学生通过类比联想经历猜想、验证、获得结论的数学研究过程，在数学探究中体会乐趣与成就。

【教学设计与实录】①

（1）平移沟通“线、面、体”

师：屏幕上方有些方格，在方格中我们也可以玩数学游戏吗？

（出现一个“点”并闪烁）

师：将这个点向上平移1格，你会吗？

师（演示平移的过程后问）：这个点走过的路线形成了什么？（板书：线）

师（边说边做手势）：线段可以平移吗？想一想，将这条线段向右平移1格，覆盖过的地方形成的是什么呢？

学生回答后，屏幕上演示平移过程。（板书：面）

师：面也可以平移吗？怎么移？

生1：可以向上移、向下移，或者向左移、向右移。

师（启发）：上下移动可以，左右移动也行，还可以怎样移动呢？

生2：向前、向后移。

师：想象一下，如果这个正方形向正前方迈步，正好向前滑动了一格的距离，那它经过的空间就是一个什么？（板书：体）

师：线、面、体都是我们小学阶段研究过的一些重要内容，今天，我们就来探讨一下，这里面还有什么秘密。

（2）研究长度变化所引起的面积变化

师：回到我们刚才的平移的话题，现在，这个正方形要向右平移一格，平移过程中所覆盖的面就是一个长方形。（课件出示平移后的长方形）

师：这个长方形的宽与刚才的正方形边长相比，有变化吗？长有变化吗？面积呢？

（学生回答。）

师：如果是向上平移一格呢？什么变了？什么没变？能完整地说一说吗？

（学生完整阐述。）

---

①余颖．“由正方形边长变化所想到的……”教学设计［J］．小学教学（数学版）.2010，9：21-22.

师：如果正方形两组对边的长度（屏幕闪烁）同时扩大2倍，面积也是扩大2倍吗？

生：不是。

师：为什么？

生1：可以把原来正方形的边长看作1，那么扩大后的边长就是2，2的平方是4，面积扩大了4倍。

师：大家注意到没有，他刚才举例时并没有带单位名称，到底是1厘米还是1分米或者其他的呢？

生1：1厘米。

师：哦，那其他的长度呢？

生2：不管边长是1厘米还是1分米或者其他的，大正方形的面积都是小正方形的4倍。

师：是这样的吗？

生3：是，画个图就知道了。

（生3在黑板上画大小两个正方形的示意图，并把大正方形分割成4份。）

师：这一画，还真是一目了然了呢！

生4：正方形的面积计算公式是$S=a^2$，把小正方形的边长看作a，大正方形的边长就是2a，$2a\times2a=4a^2$，大正方形的面积是小正方形面积的4倍。

师：多凝练的思考，看看这个公式演算的过程，挑得出毛病吗？

（学生佩服地摇摇头。）

师：看来，一组边长变化与两组边长同时变化导致的面积变化并不相同。这是个很有意思的话题。两组对边同时（语气强调）扩大2倍（做思考状），（停顿后）我忽然联想到，如果这个正方形不是同时扩大2倍，而是一条边长扩大2倍，另一条边长扩大3倍，那它的面积会怎样？

（学生猜想后验证。）

师：这一想还真有趣，如果正方形是这样，那我们是不是又能想到什么？

生1：三角形会怎样？

师：由正方形想到了三角形，这可是有突破性的一想。

生 2：梯形会怎样？

生 3：正方体会怎样？

生 4：长方形、圆形呢？

师：仅仅想到这些不同的图形就可以了吗？回想一下，刚才我们讨论的是正方形中的什么问题？

生：正方形边长和面积的变化。

师：那在长方形这些不同的图形中有着怎样的规律呢？

生 1：长方形的长扩大 2 倍，面积也扩大 2 倍。

师：是这样的吗？

（学生都认可。）

生 2：三角形的底扩大 2 倍，面积也扩大 2 倍。

师：都认同吗？

（学生都表示同意。）

（略）

【练习】

师：同学们真是太厉害了！竟然联想到这么多图形的变化规律。我们也来选几个图形再讨论一下，好吗？

①师：影响三角形面积大小的是什么呢？

生：底和高。

出示题目：三角形的底不变，高缩小到原来的 $\frac{1}{3}$，面积发生什么变化？

（学生回答后出示答案。）

②出示题目：如果三角形的底不变，高缩小到原来的 $\frac{1}{5}$，面积会发生什么变化？

（学生回答。）

③如果三角形的底扩大 3 倍，高扩大 4 倍，面积发生什么变化？

生 1：扩大 6 倍。

生 2：扩大 12 倍。

师：出现分歧了，为什么扩大了这些倍，能说说你的理由吗？

生 3：底乘高后除以 2 才得到三角形的面积，所以是扩大 6 倍。

生 4：你可以举个例子看看，假设原来的底是 1，高是 2，面积就是 1，底扩大 3 倍，高扩大 4 倍，3 乘 8 除以 2 得 12，面积比原来扩大了 12 倍呢。

师（问支持第一种看法的学生）：你们认为呢？

（这部分学生表示同意。）

师：其实，我们这么多同学产生扩大 6 倍的错误想法，不是没有道理的，因为我们都想到了三角形的面积要除以 2，是不是？（停顿）你们让我忽然想到了一个人，一个法国的大数学家，他叫傅立叶，我们今天看到的股市曲线什么的都跟他在数学上的贡献有关系，但你们知道他在数学上的发现可都来源于自己所犯的错误吗？所以，这些错可都是有用的错，关键是，出错之后怎么办！

④出示：梯形的高不变，（　　）扩大 5 倍，面积就扩大 5 倍。

学生回答后，追问：同样是跟底有关，但梯形中的底特殊在哪儿呢？

⑤出示：圆半径扩大 3 倍，周长（　　），面积（　　）。

学生回答后，问：你怎么知道周长就只扩大了 3 倍，而面积扩大了 9 倍呢？

（师指名学生解释后集体认可。）

【小结】

师：回顾我们刚才的思考过程，从正方形一个方向边长的变化到相邻两边的同时变化，再到三角形、梯形、圆形中，相关长度的变化所引起的面积变化，我们是不是可以得出一些规律呢？

生 1：一条边的长度扩大几倍，面积也扩大几倍。

生 2：如果是缩小几倍的话，面积也跟着缩小几倍。

（3）研究长度变化所引起的体积变化

①师：我们讨论的这些结论，在体中同样适用吗？（出示正方体图）

A. 师：猜一猜，如果正方体的一组棱长（不相交的 4 条）扩大 2 倍（棱长闪烁），体积发生什么变化？

（学生想象并阐述后出示图演示。）

B. 师：如果正方体的2组棱长扩大2倍（8条棱长同时闪烁），体积发生什么变化？

（学生想象并阐述后出示图验证。）

C. 师：如果正方体的12条棱长都扩大2倍，体积发生什么变化？

师：你是怎么想的？

（根据学生阐述出示图验证。）

②师（联想）：正方体如此，你又能想到什么呢？

生1：长方体的长扩大2倍，它的体积也扩大2倍。

生2：如果长和宽都扩大2倍，体积就扩大4倍，如果长、宽、高都扩大2倍，体积就扩大8倍。

生3：如果圆柱的底面半径扩大2倍，体积就扩大4倍。

师：为什么体积不是扩大2倍呢？

生：因为底面半径扩大2倍，底面积就扩大了4倍，体积当然扩大4倍。

③师：通过刚才的结论，在圆柱中，你又能得出哪些相关的结论呢？

A. 生1：高扩大2倍的话，体积就也跟着扩大2倍。

生2：如果高和底面半径都扩大2倍，体积就扩大8倍。

生3：如果高和底面半径都扩大3倍，体积就扩大（犹豫）……？

生：扩大27倍。

B. 师：如果圆柱的底面周长扩大2倍，高不变，体积会发生什么变化？

生：那就扩大4倍。因为底面周长扩大2倍，底面半径就扩大2倍，底面积就扩大4倍，所以体积扩大4倍。

C. 出示问题：要使一个圆柱的体积扩大12倍，可以怎么变？

生1：底面积不变，高扩大12倍，体积就扩大12倍。

生2：也可以是底面积扩大12倍，高不变。

生3：底面积扩大6倍，高扩大2倍，体积就扩大12倍。

（略）

D. 师：那如果把圆柱换成圆锥呢？这些结论也成立吗？这个问题让我们课后想想再回答，好吗？

（4）小结

师：同学们没有想到吧，在平面和立体图形中还隐藏着这么多有趣的变化规律。今天我们讨论的内容很多，你们能不能捡着要点说一说呢？

生 1：我知道了在图形中，长度扩大或缩小，面积和体积就会跟着扩大或缩小。

师：不管是什么长度吗？比如，梯形的腰？

生：是跟面积和体积相关联的长度发生变化。

师：哦，相关联的量，这个词用得好。这么一说，我们是不是又可以想到乘法中一个因数……？（等待）

生（迫不及待地回答）：一个因数扩大或缩小，积也跟着扩大或缩小相同的倍数。

生 2：不管求哪个图形的面积和体积，都适用这个规律。

师（补充）：在我们目前研究的图形中。

师：说到今天研究的这些图形，它们的变化规律都是怎么想到的啊？

（板书课题：由正方形变化所想到的……）

师：我们今天这节课尽情地享受着猜想带来的快乐，猜想可以是天马行空地猜，也有不少就是像今天这样由一个观察、一个发现引发了对其他规律的联想。但不管是怎样的猜，对我们的数学学习都有着极大的帮助，难怪我国著名数学家华罗庚就说过：千古数学一大猜！

（三）数学之魅源于用

“数学的应用渗透到现代社会的方面，直接为社会创造价值”①。应用数学解决现实问题是体悟数学价值的重要路径。如何创设真实而复杂

① 中华人民共和国教育部．义务教育数学课程标准（2022 年版）[M]．北京：北京师范大学出版社，2022.

的实际情境，让学生主动获取并运用数学知识方法发现问题、提出问题、分析问题进而解决问题？主题式学习、项目式学习的设计是重点。为此，自 2016 年起，笔者与团队成员针对工程任务导向下的项目式学习进行探索，形成了覆盖小学六个年级的系列课程内容。现以五年级“博物馆之夜”的设计剖展如何于复杂情境的问题解决中守学科之本，让学生在用数学中体悟数学的价值，感受数学之魅力。

“博物馆之夜”这一项目式学习课程的主题来源于一部电影《偷天陷阱》，以及苏教版五年级科学教材中“光与色彩”单元的内容。它围绕“设计并制作一个模拟的博物馆安全防御系统”的工程任务，开展基于工程项目的解决问题式的学习。课程内容包括科学、技术、工程、艺术、数学等多学科知识和技能的学习与综合应用，其课程图谱如下[①]：

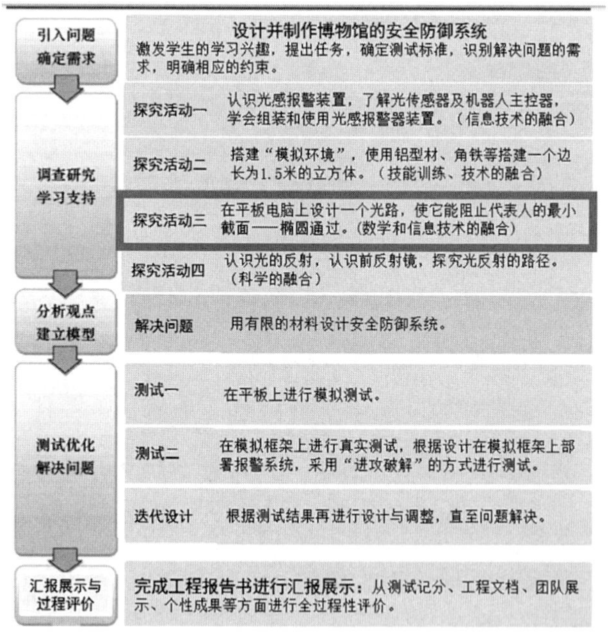

此项工程任务中的数学认知目标为：①能在激光网路设计这一任务驱动下探究其中的数学原理，能绘制激光网路设计结构图并根据设计测

①余颖．破壁、聚焦、守本：让跨学科、综合性教学在学校真正发生［J］．人民教育．2019，13-14：71-75.

算所需材料的数量和费用投入；②能根据实际比例进行设计，使得设计图与实物之间成一定的比例关系。

其中的“探究活动三”为数学与信息技术融合的活动，课时活动目标为：①准确把握设计激光网路图的关键信息，成功设计出预警无死角的网路图；②在逐渐减少激光线的设计修改过程中，发现其中的数学奥秘，并能借助已有的数学知识、经验和思想方法解释这类现象；③在不断迭代、优化设计中，经历与同伴协作、交流、共同完成任务并探索发现的过程。

【活动实录】

（1）回顾

师：这段时间我们进入了 STEAM 课程“博物馆之夜”的学习研究。先回顾一下我们前期做了些什么。

教师出示一段视频，配音内容如下：

> 电影《偷天陷阱》里有这样一个神奇的镜头，我们可以复现吗？我们如何建立博物馆的防御系统？同学们这次领到的工程任务就是：设计并制作一个模拟的博物馆防御系统。在这个防御系统中，应该有报警装置、复杂的激光网路，当然还要有宝贝。

师：在开启我们的挑战之前，一定要学习一些相关背景知识和技能。我们班从 9 月 25 日开始正式进入“博物馆之夜”课程的学习，目前同学们已经进行了 4 个课时的学习。

第一个探究活动：了解光传感器及机器人主控器。目的是认识到带有光传感器的机器人可以起到报警的作用。当光传感器接收到红激光时，表示一切正常。当光传感器接收不到红激光时，它就会发出报警声。学生之前没有接触过，所以教师提供了技术学习的支持。

第二个探究活动：模拟环境。同学们发现不可能在教室里直接部署该防御系统，于是，同学们拿出铝型材、操起小扳手……仅用了 1 个小时，就共同合作完成了 4 个侧面为 1 米 ×1.5 米的长方体模拟环境的构建。

（2）引入

下面我们进入第三个探究活动：设计复杂的激光网路。如何设计一个预警无死角的激光网路图呢？怎样优化无死角的设计方案呢？如何防止攻击者通过呢？

①明确防御对象

师：要想防御住进攻，首先我们要知道谁会来攻击。

生：小偷。

师：也就是说，我们要防的是一个人，是吗？

（屏幕呈现人体模型。）

师：这是一个站着的正面朝向我们的人，从不同的角度看到的样子和大小是不一样的。

（随机旋转，呈现从不同视角看到的人体模型，如下图所示）

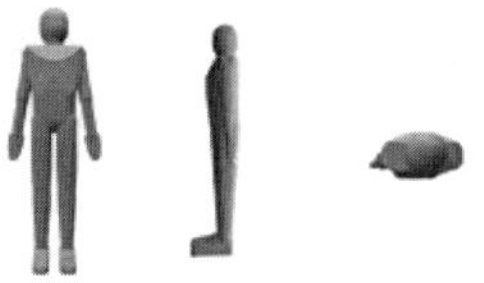

师：同学们，工程师要设计防御性系统，设想一下，应该是以哪个角度看到的样子进行防御呢？防他正对着我们走过来？侧着身过去？还是从其他角度看到的样子？

生：我觉得应该是他匍匐的样子，因为这样接触面最小也最容易进去。

（其他学生用动作解释其意。）

师：这时候我们要防的是从哪个角度看到的？

生：上面。

师：仔细看一看从这个角度看到的人，把他想得简单一点，再简单一点，可以把他看作一个什么图形？

生：椭圆。

师：把立体的人看作一个简单的椭圆，我们今天的任务就简单多了。

②明确任务的评价维度

明确任务完成过程中评价的五个维度，即完成任务（20%）、小组合作（10%）、设计思路（15%）、迭代优化（25%）、数学思考（30%）。

师：我要特别介绍对“数学思考”的考量：数学思考占比30%，那么哪些是数学思考呢？刚才我们经历的这个过程中有数学吗？

生：我们发现了这个椭圆，就涉及求椭圆的面积。

师：刚才我们把立体的、复杂的人看成了一个特别简单的图形——椭圆，这里面就有数学思考。

③明确任务

师：我们今天的任务就是设计一个预警无死角的激光网路图。无死角，也就是我们的激光线要把这个长方形怎么样？

生：全部防住。

师：好！我们按照一定的比例，把这个长方形框架的长和宽等比例缩小成我们在平板电脑屏幕上看到的大小，同时我们按照这个比例把真人缩小成这么一个模型，每组配一个，我们可以把它作为我们设计激光网路时的参照。那么，我们在设计时只要怎样，就能确保布设的激光线无死角？

生1：不让人穿过。

生2：不让人匍匐着穿过去。

生3：不让看作人的那个椭圆穿过去。

师：真棒！把人看作这个样子的椭圆了。也就是说，每一个区域跟这个椭圆相比，得怎样呢？

生1：都不能大于椭圆。

生2：面积都不能大于椭圆。

（教师介绍激光线的画法：两端在长方形的边上，起点是装发射器的位置，终点是装EV3报警接收器的位置。已画好的线，手指点住后可以随意移动和旋转。）

师：请注意：一套发射和接收的设备造价大约是4000元，所以，我们布线时要注意什么？

生：尽量少。

师：布线要尽量少，要让每条线都能发挥最大的作用。

（3）探索

①小组活动：完成激光网路设计初稿

学生独立思考后，四人小组交流想法，确定布线方案。

教师帮助各组检测设计初稿是否防住了所有区域，绿色区域是防住的区域，红色区域是还没有防住的区域。

②小组活动：修改设计初稿

各组看清检测结果后，修改设计。

③集体反馈，组间交流

A. 集中呈现设计方案

展示各组修改后的设计图（见下图）。

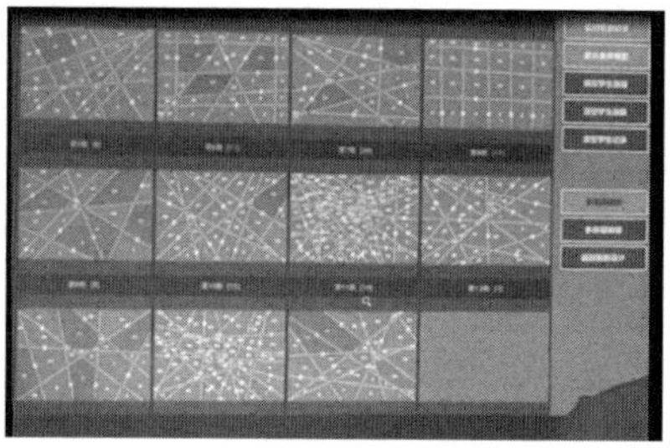

B. 交流设计思路

师：11 个小组目前的设计，有明确的设计思路吗？

生 1：我们组首先想到了一个问题，就是它的交点要尽可能多，这样这个小偷才不容易进去。

师：你们用了几条线？

生 1：我们用了 10 条线，而且交点尽可能多。

师：你们的这个设计需要花多少钱？

生 1：（不好意思地说）40000 元。

师：谢谢你，有点儿多。不过他们明确表达了自己的思路，画的激光线要怎样？

生（齐）：交点尽量多。

生2：我觉得要用尽可能少的线让它们的交点尽可能多。

师：又进了一步，了不起！

生3：我们觉得交点或共点太多了也没用，必须让这个椭圆恰好不能过去才行。

生4：我觉得应该用最少的线把这张图给平均分，分成不让这个椭圆过去的图形。

师：他不谈交点了，而是谈尽量“平均分”，这是什么意思呢？大家可以琢磨琢磨。

C. 检测设计结果

师：看来不少小组的设计都有确定的想法了。那就带着你们的想法，看看这11个组的设计，你们估计一下哪些设计肯定是防住了？

生：11号、10号、7号、4号。

师：你们刚才说7号、10号、11号的时候都有笑声，为什么？

生：太多了。

师：太费钱了是吧？我们先来看看他们的任务是不是达成了。

（大屏幕呈现检测结果，图略。）

D. 观察中聚焦，自我修正

师：所有区域都防住的有7号、4号、10号，还有你们刚才没提到的8号。刚才你们提到了11号，它确实费了很多钱，可惜，虽然用了10条线，但还是有没防住的地方，就是图上标出的16号和40号这两个区域（见下图），为什么这两个区域没防住呢？

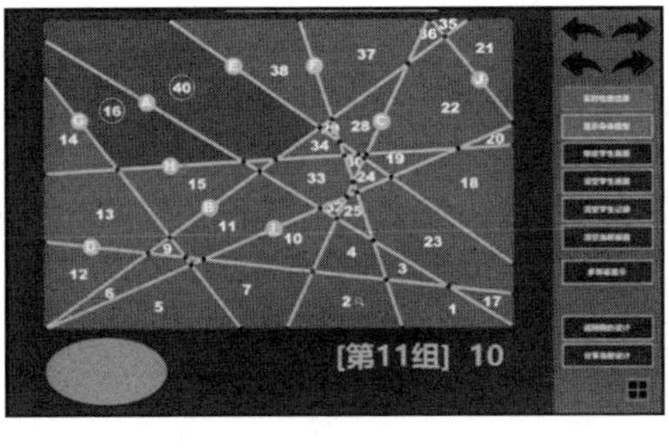

生：因为这两个区域面积太大，这个椭圆能够通过。

师：面积太大！我们来看看，绿色区域中是不是也有面积相对较大的？

生 1：22 号区域。

生 2：18、23、22 号区域都比较大。

师：为什么它们就防住了呢？我对 23 号区域蛮感兴趣的。跟 16 号区域比，我觉得 23 号区域的面积不见得小哦！它怎么就防住了呢？

生 1：23 号区域相对于 16 号区域来说要扁一些。

生 2：其实有的区域面积可能比 40 号区域还大，但是它长得奇形怪状的，椭圆不容易穿过去。

师：16 号区域就是奇形怪状的，是个不规则的四边形，23 号区域看着还相对规整一点，有两条边近似平行了。怎么 23 号区域就防住了？

生 1：要过 23 号区域，如果从上面过，可能会碰到 21、22、20 和 18 号这几个区域的边线，如果从下面过，可能会碰到 1、17 号这两个区域的边线。

生 2（拿着人体模型示意）：人如果这么过去（指上部较大区域），可能会碰到这两条线，如果这么过去（指下部较窄区域），那更不可能。像 16 号区域，它前面非常扁，到后面越来越宽，这个人可以斜着过去。

师：拿人体模型摆摆确实好理解。用数学的语言，可以怎么描述？如果这么摆，椭圆会碰到哪里的线？

生：上下。

师：（在屏幕前比画）能不能再聚焦一点？碰到这两条线是因为什么？

生：我觉得可以把椭圆想象成长方形，长方形的宽肯定要比 23 号区域的两条边（指近似平行的两条线）之间的距离长。

师：他把椭圆看成长方形，所说的宽指的是哪儿？

（学生指椭圆相应的位置。）

师：在椭圆中我们把它叫作短轴，他的意思是短轴的长度比 23 号区域这里的距离要怎样？

生：短轴的长度比 23 号区域的宽度长。

师：瞧！这时候数学的语言就用上了，真棒！这么一看，23号区域虽然大，但是宽度没有椭圆的短轴长，这个关键因素造成了不能通过23号区域。我突发奇想，能不能让23和24号区域合并？合并以后会怎样呢？

（学生用手势表示能否防住。）

师：有理由吗？

生：把24号区域加上去后，只是变长了，但椭圆的短轴没变，（宽度上）还是不可以穿过。

师：有认为可以穿过的吗？

生1：23和24号区域合并之后会变得特别长，可以把椭圆偏斜一点竖着穿过去。

生2：我觉得通不过。16号区域的A、G两条边线是不平行的，23号区域的A、E两条边线基本上平行。所以我觉得23号区域就算加上24号区域，椭圆也穿不过。

生3：我觉得可能会通过，23和24号区域合并后，上边的区域可能会通过。

（教师操作：将23和24号区域合并后，变成编号为25的区域，见下图，验证可知这个区域仍然防住了。）

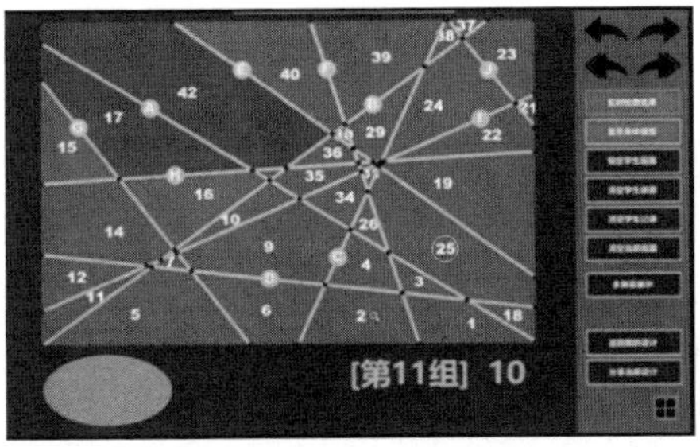

师：两个区域合并了，为什么还是防住了？

生1：小偷不会选择从24号区域进，因为太窄了，进不去。他会选择从原来的23号区域进去，原来就防住了，现在还可以防住。

生2：我觉得只要长轴和短轴中有一个通不过，就代表这个区域能防住。

师：紧紧抓住了椭圆的概念——长轴、短轴来表述，很精准。现在我们来挑战一下，既然刚才23号区域把24号区域吃掉（合并）后依然能防住，现在合并后的25号区域还可以吃谁？

生：30、26、18号区域。

（教师通过操作验证仍然能防住，合并后形成26号区域，见下图。）

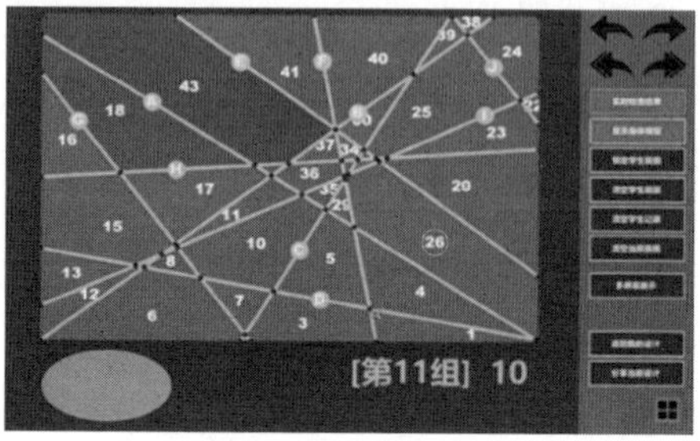

④小组活动：优化设计方案

师：同学们，这么一调整，有没有一些新想法？已经成功防御所有区域的四个小组，能不能在成功的基础上进一步减少激光线？还没有成功的小组，能不能不增加激光线，通过调整把全部区域都防住？在防住所有区域后，再来尝试减少激光线，可以吗？

小组活动：给各小组打开实时检测功能，各组优化原有的设计。

⑤交流反馈：明晰设计原理

（呈现11个组的设计，见下图）

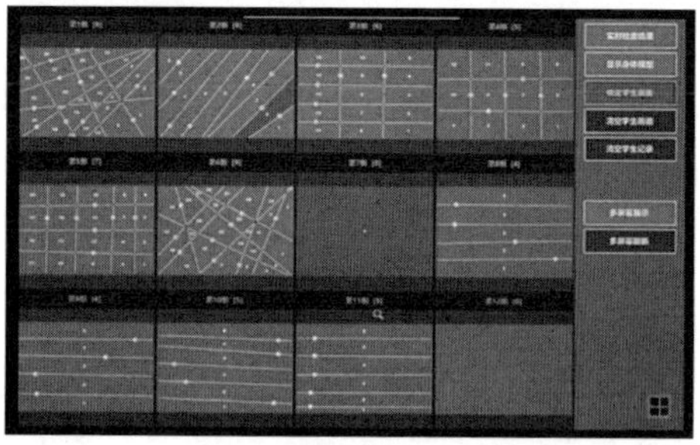

师：你们一开始不是说交点要多吗？现在有几组一个交点都没有，为什么？

生1（来自11组）：因为前面提到了一个椭圆的长轴或短轴中有一个过不去，那么这个椭圆形就过不去。我们设计成这样，线的间距比较窄，它的短轴和长轴都过不去。

师：请问第10组、第9组、第8组，你们的想法跟他们一样吗？

生：一样。

生2：我有补充。我觉得我们可以先清零，画一条线在最边上，然后拉到极限，只要这个极限是绿色的，我们量一下这个距离，然后就可以求出需要布多少线了。

师：数学老师听到你的话后会特别激动！你提到一个词“极限”，是想看一条线最大能管住多大的区域，是不是？那以什么做参照呢？

生3：我觉得应该以短轴来做参照。

师：怎么以短轴来做参照？

生4：每条线间隔的长度必须比短轴短，因为只要比短轴短一点，椭圆就不能通过。

师：间距一定要比短轴短吗？相等呢？会触碰吗？

生：可能会触碰。

师：可能还是肯定？可以继续琢磨。

师：同学们，我记得刚开始设计的时候，你们说要确保每一个区域都比椭圆小，现在你们会修正自己的想法吗？

生：我觉得只要让这个长方形的宽小于短轴就行，等于短轴也行。

师：等于也行？太厉害了！还没琢磨明白他这个观点的同学不着急，以后再慢慢琢磨。

（4）承启

①达成共识

师：同学们，如果让你再去优化自己的设计，是不是还有空间呢？目前我们看到11个小组中最多的用了9条激光线，最少的用了4条激光线。那4条是不是最少的情况呢？

生：不一定。

师：不一定？3条也可以？这个是定论还是推测？

生：推测。

师：还需要再尝试，是吧？这么一来，问题就来啦！如果我们想不动手，只用眼观察确定 3 条激光线行不行，你需要知道哪些信息呢？

生 1：我想知道如果把这个面分成四块，它每一块的宽是多少。

师：测量它的宽度，是想跟谁比？

生 1：跟椭圆的短轴比较。

生 2：应该是平均分成 4 份，用每份的宽和椭圆的短轴比较，如果它们两个相等就可以了。

师：好，还有没有其他新的问题出现？

生（齐）：没有。

师：没有？能想出新问题是一件很了不起的事情。现在我们来看看这些设计图，有横向的，但也有这样（指第 2 组斜向的设计）近似平行的，换个角度，会不会让平行线条数变少呢？

生：肯定会。

师：是不是结论下得过早了？会还是不会？我们是不是可以再进一步地琢磨琢磨？只有琢磨清楚其中的道理才能确定，是吧？这些问题，我们可以继续思考。现在我想告诉大家的是，今天这个平行线的发现确实厉害，数学家就是这么想的，所以生活中就会看到这样的场景。

（教师出示斑马线处行人闯红灯时，红色的激光平行线感应到后喷出水雾的场景。）

②催生新任务

师：到现在为止，在 11 个小组的设计中，最少的是 4 条平行线。可是，4 条激光线，一共要投入多少钱？

生：16000 元。

师：一个小组就得投入 16000 元，那一个班的花费呢？全年级呢？这么一算，这个项目还挺费钱的，能不能再少一点呢？我把这个问题抛给 STEAM 的负责人姜老师，她很肯定地告诉我，可以更省钱！一个小组只要一套报警发射装置就好啦。这就是你们下节课将要继续研究的任务。

（5）小结

交流各自的探究心得、待确认的猜想和产生的新问题，并反馈各小组五个方面的评价结果。

这一探究活动中，学生首先要明确“以攻击者哪个角度被看到的样子作为我们防御的对象”，学生在观察不同视角下的“人”的过程中，逐步把具体的、立体的人看成一个俯视角度下的“椭圆”，将设计激光防御系统的任务逐步数学化地理解为“让椭圆无法在不触碰分割线的前提下从被直线分割后的任何一个区域中通过”，学生经历的是化繁为简的过程，是数学建模的基本思维方式的经验积累。

每个小组的首轮设计图及设计思路交流后的系统反馈，学生在聚焦“没防住”和“防住了”的面积相近的图形比较中，在进一步聚焦“23号与24号合并是否依然防得住”“再合并18号是否还能防得住”“还可以吃掉（合并）哪个图形依然能够防得住”的观察、猜想、验证中，逐步厘清了关键——“能否防住取决于图形宽度与椭圆短轴的长短”。带着这样清晰或模糊的发现，各组优化原有的设计，呈现出越来越趋近平行线设计的改变。

自此，聚焦各组二次设计思路的交流，再与初始时“交点尽量多”“面积比椭圆小”等设想相比较，支撑学生逐渐生成新认识——“一条线管住最大的区域”，这背后是抓关键做参照的策略和数学极限思想的体悟。

参考文献

［1］马克思恩格斯全集（第42卷）［M］.北京：人民出版社，1979.

［2］孙志文.现代人的焦虑和希望［M］.陈水禹，译.北京：生活·读书·新知三联书店，1995.

［3］联合国教科文组织国际教育发展委员会.学会生存：教育世界的今天和明天［M］.北京：教育科学出版社，1997.

［4］陈祉妍，陈雪峰，张侃傅，等.中国国民心理健康发展报告（2019—2020）［M］.北京：社会科学文献出版社，2021.

［5］联合国教科文组织.一起重新构想我们的未来：为教育打造新的社会契约［M］.北京：教育科学出版社，2022.

［6］席勒.审美教育书简［M］.北京：北京大学出版社，1985.

［7］列宁全集（第20卷）［M］.北京：人民出版社，1958.

［8］郑毓信，王宪昌，蔡仲.数学文化学［M］.成都：四川教育出版社，2000.

［9］中华人民共和国教育部.义务教育数学课程标准（2022年版）［M］.北京：北京师范大学出版社，2022.

［10］R. Pekrun，A.C. Frenzel，T. Goetz，et al. The control-value theory of achievement emotions：An integrative approach to emotions in education［M］.Massachusetts：Academic Press，2007.

［11］Organization for Economic Co-operation and Development. PISA 2012 results：Ready to learn：Students' engagement，drive and self-beliefs（Volume III）［M］.Paris：OECD Publishing，2013.

[12] Organization for Economic Co-operation and Development. PISA 2015 results：Students’ well-being [M] .Paris：OECD Publishing，2017.
[13] 米哈里·契克森米哈赖.心流：最优体验心理学[M].张定绮，译.北京：中信出版社，2017.
[14] 吴庆麟.教育心理学[M].北京：人民教育出版社，2019.
[15] 戴维·A. 苏泽.人脑如何学数学[M].赵晖，等，译.上海：上海教育出版社，2019.
[16] 卡萝尔·汤普森，莉迪亚·斯彭斯利.学习理论的日常教学应用[M].郭晓娜，译.上海：上海教育出版社，2022.
[17] 彼得·格雷.玩耍精神——会玩的孩子真的有出息[M].洪萃晖，译.北京：北京联合出版公司，2015.
[18] 保罗·洛克哈特.一个数学家的叹息[M].高翠霜，译.上海：上海社会科学院出版社，2019.
[19] 斯霞.斯霞文集（肆）[M].南京：江苏教育出版社，2010.
[20] 格兰特·威金斯，杰伊·麦克泰格.追求理解的教学设计[M].闫寒冰，宋雪莲，赖平，译.上海：华东师范大学出版社，2017.
[21] 加侬，柯蕾.建构主义学习设计：标准化教学的关键问题[M].宋玲，译.北京：中国轻工业出版社，2008.
[22] 保罗·洛克哈特.一个数学家的叹息[M].高翠霜，译.上海：上海社会科学院出版社，2019.
[23] 戴维·伯姆.论对话[M].王松涛，译.北京：教育科学出版社，2007.
[24] 杨开城.以学习活动为中心的教学设计实训指南[M].北京：电子工业出版社，2016.
[25] 安德烈·焦尔当.学习的本质[M].杭零，译.上海：华东师范大学出版社，2015.
[26] 约翰·D·布兰斯福特，等.人是如何学习的Ⅰ：大脑、心理、经

验及学校［M］. 程可拉，孙亚玲，王旭卿，译. 上海：华东师范大学出版社，2013.

［27］克拉·巴格利·巴雷特，等. 人是如何学习的Ⅱ：学习者、境脉与文化［M］. 裴新宁，王美，郑太年，译. 上海：华东师范大学出版社，2021.

［28］弗赖登塔尔. 作为教育任务的数学［M］. 陈昌平，唐瑞芬，等，编译. 上海：上海教育出版社，1995.

［29］余颖，等. 为了儿童发展的无限可能［M］. 南京：江苏凤凰教育出版社，2020.

后　记

理趣数学提出的背后是笔者34年小学数学教学经历的逐步明晰，是从懵懂到入门的教学实践后，自我追问与主动寻变中教学理性与实践不断碰撞、交融长期沉淀的过程，是自我课程观与数学教学观日渐清晰并向系统化转化的进阶，也是从“我”到“我们”，与团队伙伴共同成长的生命印迹。这样的过程，虽具有个人的鲜明印迹，但从教师成长的规律视角去审视，也并未脱离普适的阶段特征。从站稳讲台到站好讲台，再到拥有独特的讲台，直至打造一方引人入胜、予人力量的学习场……教学基本技能和教学现场机制的锤炼，磨炼“教”的技与艺；以学为中心的教学设计及策略的调整，于日积跬步的实操改变中向理想趋近；对数学价值及教育意义的追问以及小学数学教学的创新探索，日渐厘清自我的儿童观、教学观和教育观。

感谢南京市教科所“南京教育文库”的策划，因这份“督促”，有了重新审视30余年数学教学经验的际缘，日常的点滴思考与创意，其背后的核心追求是什么？依仗的理论基础及形成的理论框架是怎样的？教学实践中共通的机制、流程及原则究竟有哪些？……当这些追问与经验彼此观照时，那些隐约中已有的坚定逐步明晰，零散表述中的未尽之言得以厘清，从而催生了“理趣数学”的鲜明表达与系统性梳理。

这一份于回望与凝视中提交的“答卷”尚未见得完整，剖析与实践也仅代表现阶段的省思。正如笔者的第一本书《走向对话——大鱼老师和48条小鱼的数学课堂故事》篇首语中所表达的：“我们追求完美，因为自知不完美。虽然永远无法企及，但追寻的过程就是一切！”

当然，这追寻的过程也是师长、同行们点拨与指导下拔节的过程。期待理趣数学的教学思考与实践再得各位的指正。

2023 年 11 月

于北京东路 47 号北小星球

南京教育文库

（已出书目）

第一辑　生活·实践教育系列成果（9种）

序号	书名	作者
1	中小幼教师如何做好教科研	刘大伟
2	思辨性阅读——儿童思维品质的涵育	杨树亚
3	小学数学职初教师的专业发展	王　凌
4	数学课堂成长型思维培养	朱国军　李　冉
5	慢养语文	贾　卉
6	小学数学结构化学习教学指导	吴玉国　孙　谦
7	中小学“校－家－医协同”心育工作路径	王天文　张　燕
8	小数的意义	孙　谦　杨梅芳
9	用字母表示数	吴存明　姜梦莹

第二辑　一线名师示范实践（23种）

序号	书名	作者	序号	书名	作者
1	小学语文	杨树亚　洪劬颉	13	初中英语	李爱云　尚媛媛
2	小学数学	吴玉国　毛文波	14	初中道德与法治	王存贵　王小叶
3	小学英语	韩佩玲　周春燕	15	初中地理	孙小红　张　静
4	小学道德与法治	唐隽菁　缪　青	16	初中历史	孙　进　王　伟
5	小学科学	冯　毅　成金燕	17	初中美术	张　屹　邵惠敏
6	小学美术	张　屹　张　静	18	初中生物学	岑　芳
7	小学体育与健康	倪晨瑾	19	初中体育与健康	周　云　戴守慧
8	小学信息科技	李有翔　王苏明	20	初中物理	孙留桥　季卫新
9	小学音乐	叶　军　何　伟	21	初中信息科技	高建君　董　苏
10	劳动	刘权华　王洪贵	22	初中化学	董　海　包义才
11	初中语文	王跃平　洪劬颉	23	初中音乐	何　伟　叶　军
12	初中数学	叶旭山　黄秀旺			

第三辑　生活·实践教育系列成果（7 种）

序号	书名	作者
1	理趣数学的价值意蕴与实践探索	余　颖
2	适合发展：小学数学智慧教学的理论与实践	王九红
3	简约语文的思与行	金立义
4	小学语文沉浸式教学——以小学古诗文教学为例	唐文国
5	中学语文整本书阅读教学探索	王跃平
6	“一核三式”历史教学法——指向思维的历史教学	卞珊珊
7	和谐的古典舞——诚实教育与美好生活	李亚娟